$L\overset{27}{n}.16667.$

NOTICE

De la Vie et des Écrits d'Isaac-Bénédict PREVOST.

DE L'IMPRIMERIE DE J. J. PASCHOUD.

NOTICE
DE LA VIE ET DES ÉCRITS

DE

Bénédict PREVOST,

Professeur de Philosophie à la Faculté de Théologie protestante de Montauban; Membre de la Société des Sciences, Agriculture et Belles-Lettres de cette ville; de la Société de Physique et d'Histoire naturelle de Genève; de celle des Naturalistes de la même ville ; de la Société helvétique des Sciences naturelles; Correspondant de la Société galvanique et d'électricité de Paris ; des Sociétés médicales et de médecine pratique de Montpellier ; de celle des Amateurs des Sciences de Lille, et d'Émulation de Lausanne.

Par Pierre PREVOST.

GENÈVE,

J. J. Paschoud, Imprimeur-Libraire.

PARIS,

Même Maison de Commerce, rue de Seine, n.° 48.

1820.

NOTICE

De la Vie et des Écrits d'I.-Bénédict Prevost.

―――――

Isaac Bénédict Prevost naquit à Genève, le 7 Août 1755, de parens recommandables par leur vertu, mais peu favorisés de la fortune (1). Sa première éducation fut très-irrégulière. Il ne prit pas goût aux études du collége; on le plaça dans une pension d'une petite ville voisine, où il ne pouvoit recevoir qu'une instruction très-bornée. Il entreprit successivement deux apprentissages; l'un de gravure, à peine commencé; l'autre de commerce, qui lui offroit des espérances flatteuses; mais auquel il renonça pour cultiver les sciences avec autant de succès que d'ardeur.

―――――

(1) Note A.

Telle est en peu de mots l'histoire de sa vie. Celle de ses travaux, dans sa dernière vocation, en est évidemment la partie essentielle ; c'est aussi celle sur laquelle il nous a laissé d'abondans matériaux. Nous en avons peu sur les années qui ont précédé l'époque où il renonça au commerce. Nous nous bornerons à deux ou trois petits faits qui s'y rapportent.

Le premier est contenu dans la note suivante, en date de Janvier 1799, qui est au nombre de celles où BÉN. PREVOST se plaisoit à s'observer dans ses souvenirs. On excusera aisément la familiarité du style dans un fragment de journal, que l'auteur écrivoit rapidement pour son propre usage :

« A l'âge de onze ans environ, on me mit en
« pension à Aubonne, petite ville de Suisse,
« chez un régent, nommé C. . . . . (qui
« par parenthèse est mon compère, sans
« que j'aie jamais vu mon filleul) ; nous
« étions une douzaine de pensionnaires ; il
« nous apprenoit à lire (ce que je savois),
« à écrire (j'y acquis un peu de ce côté là),
« à compter (c'est-à-dire, à faire ce qu'on
« appelle les quatre règles), et sur-tout à

« prier Dieu et à réciter le catéchisme. Il
« nous dit un jour, je ne sais à propos de quoi,
« que les philosophes prétendoient que la
« terre tournoit autour du soleil ; mais que
« cela n'étoit pas vrai ; puisque Josué avoit
« dit au soleil, et non à la terre, de s'ar-
« rêter. Je me mis cela derrière l'oreille,
« comme on dit. Quand je fus de retour à
« Genève, mon cousin PIERRE PREVOST,
« ..... qui alors, quoique plus âgé que
« moi, étoit encore jeune, voulut savoir
« ce que j'avois gagné à Aubonne ; il m'in-
« vita à dîner ; et après le repas, il me
« mena dans son cabinet, et fit tomber la
« conversation sur différens sujets, et en-
« tr'autres sur le mouvement de la terre ;
« mais il eut beau s'escrimer et s'y prendre
« de toutes les manières ; jamais je ne pus
« ni ne voulus l'entendre. Quelque temps
« après, j'ignore combien, six mois peut-
« être, en me promenant seul sur les bou-
« levards, tout ce que m'avoit dit mon
« cousin me revint à l'esprit ; et ce qu'il y
« a de singulier, non-seulement je le com-
« pris, mais beaucoup au-delà. Ce fut fini
« cependant et je n'y repensai plus que neuf.

« ou dix ans après. Si j'étois alors retourné
« vers mon cousin, je suis bien sûr qu'il
« n'auroit pas laissé échapper cette occasion
« de me rendre service, et que j'aurois
« fait par ses soins de très-grands progrès.
« Qui sait? — Je serois peut-être un grand
« homme; peut-être, etc., etc., etc. (1). »

Pendant son apprentissage de commerce, quoiqu'il n'eût point de goût pour cette vocation, il faisoit des efforts pour mériter et obtenir l'approbation de ses supérieurs. Comme il étoit dans une maison d'épiceries, il parvint à distinguer, par l'odorat seulement, toutes les espèces de café. Lorsque, dans la suite, il se livra à l'étude de l'histoire naturelle, il faisoit grand emploi de ce sens, qu'il avoit exercé de bonne heure à discerner des nuances délicates; et on voit, dans ses notes, qu'il donnoit à ce genre d'épreuve une légitime confiance. Ce

---

(1) Ces etc., etc., etc., sont la fin, fidèlement transcrite, de cet article du journal de Bén. Prevost: c'est, sous une tournure badine, l'expression d'un sentiment aimable et modeste, que nous n'avons pas cru devoir supprimer.

fut peut-être une des causes qui dirigèrent son attention sur les émanations odorantes et lui donnèrent lieu d'observer avec soin les mouvemens des corps flottans qui en émettent.

Pendant ce même apprentissage de commerce, il s'offrit à lui une occasion de recherche scientifique qu'il saisit avec empressement et qui déjà décéloit en lui un esprit enclin à réfléchir. Dans le magasin où il manioit des balances, un assez petit poids lui tomba sur le pied et le blessa de manière à l'empêcher de marcher pendant quelques jours. Il en prit occasion de se faire à lui-même une question, à laquelle il tenta sans doute de répondre, et qu'il adressa à son cousin Pierre Prevost, à peu près en ces termes : « Un petit poids, tombant d'une certaine hauteur (1), a produit sur mon pied un certain effet : quelle devroit être la grandeur d'un poids, qui produiroit le même effet, sans tomber et en étant simplement posé en repos sur mon pied ? » On voit qu'il s'agissoit de comparer

---

(1) De quatre pieds.

une pression avec une force vive : problème peu fait pour piquer la curiosité d'un enfant. La sienne peut-être fut provoquée par quelques entretiens passagers avec un ingénieux physisien, tout occupé de pesanteur (1). Du reste, nous avons d'autres preuves des dispositions qu'il manifesta de bonne heure pour les sciences exactes ; mais ces foibles indices, fondés sur de simples souvenirs, paroîtroient ici sans intérêt.

Après quelques vains essais de sa vocation littéraire, cet esprit ardent et ferme, constant à suivre la marche qu'il s'étoit tracée, trouva enfin une place assortie à ses goûts, et où ses dispositions naturelles purent recevoir le développement dont il éprouvoit le besoin. M. DELMAS de Montauban, respectable chef de famille, lui fit proposer de se charger de l'éducation de ses fils. BÉN. PREVOST accepta et se rendit, en Octobre 1777, dans cette ville, qui

---

(1) GEORGE LOUIS LE SAGE. — Voyez la *Notice de sa vie et de ses écrits* publiée à Genève, Paschoud, 1804.

devint pour lui une seconde patrie (1) ; dont il ne s'éloigna plus que pour y revenir bientôt comme au centre de ses affections ; et où il fut enfin fixé par une place d'enseignement public.

A son arrivée chez M. Delmas, il avoit peu de science acquise ; mais il étoit facile de reconnoître son aptitude à en acquérir, en particulier son talent et son goût pour les mathématiques. En peu de temps il y fit de rapides progrès. « Quoique fortement cons-
« titué (m'écrit l'aîné de la famille, dont il
« étoit devenu en quelque sorte un membre
« adoptif), l'excès de travail eût infailli-
« blement altéré sa santé, si, cédant à nos
« instances, il n'eût un peu modéré son
« ardeur. Il se décida enfin à faire à peu
« près tous les jours une assez longue pro-
« menade, et dès-lors il put continuer ses
« études sans inconvénient, du moins sen-
« sible, jusqu'en 1803. A cette époque,

---

(1) Sans que jamais toutefois il oubliât la première. Il fit à Genève des voyages destinés en grande partie à sa mère, et dont ses amis profitèrent avec empressement.

« il entreprit la lecture de la *Mécanique*
« *céleste* de Laplace ; il voulut en suivre,
« en vérifier tous les calculs ; et il s'aban-
« donna si complètement au plaisir que lui
« faisoit cet admirable ouvrage, qu'une ma-
« ladie grave, qui fut la suite de son ex-
« cessive application, faillit nous l'enlever ;
« sa convalescence fut pénible et longue ;
« et depuis il y eut un changement notable
« dans son physique et dans son moral ; il se
« rétablit, mais ses forces furent moindres ;
« avant sa maladie, il ne croyoit pas que
« rien pût altérer sa santé ; et après, il s'ob-
« servoit sans cesse, il contracta peu à peu
« l'habitude de se vêtir trop chaudement ;
« la nuit, il surchargeoit son lit de cou-
« vertures ; cependant il avoit assez d'ap-
« pétit, son sommeil étoit bon, et il étoit
« gai. »

Ce court tableau de sa vie studieuse demande que nous en fortifiions quelques traits
et que nous en retracions d'autres.

A l'époque où Bén. Prevost partit pour
Montauban, on ne peut s'étonner que ses
parens et ses amis conçussent quelques in-
quiétudes. Ses changemens fréquens de vo-

cation, l'espèce d'enthousiasme qui l'avoit jeté brusquement dans celle des lettres, leur inspiroient une légitime défiance. — Les bonnes nouvelles qu'ils reçurent de lui les rassurèrent. Il régnoit dans toutes ses lettres un ton de contentement et d'espérance ; après deux ans de séjour dans cette maison qui lui étoit devenue chère, il forma et annonça le dessein de se livrer tout entier à l'étude ; on eût dit, à l'entendre, qu'il renonçoit à ses fonctions d'enseignement ; un ami l'invitoit à s'associer à ses travaux ; il avoit un observatoire, des livres, des instrumens, le goût des mathématiques : « Je m'énivre d'avance (écrivoit-il à son « père) du plaisir que me fait cette idée ; « il me seroit impossible de ne pas suivre « mon goût dans une aussi belle route. » L'ami qui l'attiroit à lui ne s'exprimoit pas avec moins de chaleur ; et un ami éclairé de l'un et de l'autre justifioit ces résolutions.

En même temps qu'il satisfaisoit ses goûts, il ne négligeoit pas des devoirs d'une autre nature. De ses économies, il acquittoit quelques dettes, et faisoit à sa sœur et à ses parens des dons pris sur ses propres jouissances. Il en usa de même dans la suite et remplit toujours avec autant de zèle que de délicatesse, les devoirs de frère et de fils.

De ses nouvelles résolutions il ne résulta aucun changement de position, aucun refroidissement, aucun abandon de l'éducation qu'il avoit entreprise. Mais, voué désormais à une vie toute littéraire, il sentit l'importance d'étudier sa langue et de soigner son style. Il ne cessa jamais, au milieu de ses plus importans travaux, de donner à cet objet une attention suivie. Ses journaux offrent çà et là nombre de remarques qui s'y rapportent ; il y traitoit des questions délicates de grammaire, relevoit des locutions gasconnes ou genevoises, indiquoit quelquefois des synonymes et des étymologies; privé de la connoissance du grec, il faisoit de petits catalogues des mots qui en dérivent, en notoit le sens et l'orthographe ; analysoit, critiquoit, discutoit, les préceptes des bons auteurs et surtout des grammairiens philosophes ; en un mot, bien que décidé à s'attacher exclusivement aux sciences, il sut emprunter des lettres ce qui pouvoit être à l'usage d'un savant qui se propose d'écrire; et parvint à exprimer sa pensée avec autant de correction que de clarté.

Malgré le zèle que BÉN. PREVOST apportoit à suivre son nouveau plan, et quelles que fussent ses espérances et celles de ses amis de Montauban, ceux de Genève n'étoient pas sans inquiétude. Ils envisageoient l'avenir, et craignoient qu'après avoir employé l'activité de la jeunesse, d'une manière à la vérité fort honorable, il ne trouvât, dans la suite, des années pénibles à passer. Ils auroient voulu pour lui une perspective plus assurée. Son cousin et son ami, qui le précédoit de quelques (1) années dans la carrière de la vie, lui écrivoit de Paris (2), pour le sonder à ce sujet et lui laisser entrevoir une place du même genre, mais plus considérable, que celle à laquelle il étoit attaché. Malgré divers avantages que présentoit cette proposition, elle ne prit point faveur et n'eut aucune suite.

---

(1) Quatre.
(2) En 1780.

Il n'en fut pas tout-à-fait de même d'une offre plus séduisante qui lui vint par la même voie. Son cousin, fixé à Berlin, où il remplissoit deux places (celle de professeur à l'Académie des jeunes gentilshommes, et celle de Membre de l'Académie des sciences et Belles-Lettres dans la classe de philosophie spéculative) étant revenu dans sa patrie et ayant quitté Berlin pour toujours, reçut du Roi (1) la demande de se chercher un successeur. Ses regards se tournèrent aussitôt sur Bén. Prevost. Il lui en écrivit (2); et la chose fut au point de le nommer au Roi, qui, sans le connoître d'ailleurs, accepta sa présentation pour la chaire vacante, se réservant de lui faire prendre place dans l'Académie des sciences quand il se seroit fait connoître au public. Les dernières réflexions de Bén. Prevost déterminèrent un refus. Il préféra (et sans doute on ne peut pas l'en blâmer) un sort, moins assuré peut-être, mais lié à des amitiés et à des habitudes qui lui étoient

---

(1) Fréderic II.
(2) Octobre et Décembre 1784.

chères. Il demanda même (et obtint) que l'on s'abstînt de lui faire de nouvelles offres, domt il sentoit sans doute qu'il ne pourroit profiter qu'en faisant de pénibles sacrifices.

Nous ne tenterons point de le suivre pas à pas dans sa carrière studieuse. Les mathématiques en occupèrent principalement la première partie. La physique et l'histoire naturelle dominèrent dans la suivante.

Dans ce dernier genre d'études, il eut des obstacles à vaincre et jouit aussi de quelques avantages particuliers. Il passoit une partie de l'année à la campagne, principal théâtre de ses observations. Il y trouvoit, dans sa famille adoptive, des amis, qui partageoient ses goûts et se plaisoient à seconder ses travaux. Mais le nombre en étoit borné, et, même à la ville, il ne trouvoit pas tous les secours qui auroient pu favoriser ses entreprises. Il avoit quelque peine à s'y procurer les livres dont il éprouvoit le besoin. L'irrégularité de ses premières études servit peut-être à irriter sa curiosité; mais elle dut ralentir sa marche et lui faire perdre du temps. Les études méthodiques abrègent le travail, y mettent de l'ordre, le simplifient, le dirigent; font éviter des recherches que d'autres ont achevées; donnent, à celui qui en entreprend de nouvelles, quelque facilité pour les suivre, suggèrent d'heureux aperçus, animent enfin l'espérance, comme un rayon de lumière qui luit au sein des ténèbres.

BÉN· PREVOST suppléa, par son génie et son ardeur, à ce qui lui manquoit à cet égard. Ses généreux efforts furent couronnés par le succès. Sa marche s'affermit et prit une direction propre à le mener au but. Il notoit avec soin toutes ses observations et les comparoît en détail à celles des physiciens et des naturalistes, qu'il pouvoit consulter ou dans leurs écrits ou dans leur entretien.

Ses relations et ses correspondances littéraires se multiplièrent. Celle qu'il eut avec son cousin PIERRE PREVOST ne fut jamais interrompue; et devint, pour l'un et pour l'autre, une source de douces et utiles jouissances. A Montauban, il fut affilié à l'Académie du Lot et compté parmi ses fondateurs. Il y jouit de l'amitié de plusieurs des membres de cette savante société. Il eut entr'autres des relations suivies avec l'habile astronome Duc la Chapelle. Ses élèves étoient devenus ses amis. A Genève, MM. Le Sage, Senebier, Jurine, Gosse, Huber, Maunoir, correspondirent avec lui. En 1799, la Société de physique et d'histoire naturelle de cette ville le mit au nombre de ses membres; et il ne manqua aucune occasion de lui faire parvenir d'intéressantes communications. La Société de médecine pratique de Montpellier lui conféra le diplôme d'associé correspondant; il lui fit part de quelques observations, plus ou moins liées à la médecine, et qui furent accueillies comme telles.

Indépendamment des mémoires qu'il lisoit à l'Académie de Montauban, il en envoyoit plusieurs à la *Bibliothèque Britannique*, aux *Annales de Chimie*, et à d'autres recueils scientifiques. Il jetoit ainsi, par des travaux assidus, le fondement d'une réputation solide; jouissant de ses découvertes et du progrès de ses lumières, qui, chaque jour, acquéroient plus d'étendue.

Chez lui l'ardeur pour l'étude ne nuisoit point aux charmes de l'amitié. La douceur de son commerce, son aimable gaieté, la sûreté de son caractère et de ses principes, le rendoient cher à tous ceux avec qui il avoit des liaisons. La manière même dont il avoit acquis de vastes connoissances contribuoit à leur donner du prix. Il étoit élève de lui-même; tout, dans ses écrits et dans ses discours, étoit marqué au coin de l'originalité. Il avoit inventé ce qu'il avoit appris; et quoique dès long-temps accoutumé à puiser dans les livres une instruction qu'il savoit apprécier, c'étoit toujours d'une manière active qu'il faisoit ce travail ; méditant, répétant les observations, variant les expériences, jugeant librement ses maîtres, et n'en reconnoissant en dernier ressort d'autres que sa raison et la nature.

Content de suivre ses goûts et de développer ses sentimens dans une douce activité, Bén. Prevost songeoit foiblement à l'avenir. Mais ses amis y songeoient pour lui, et enfin l'occasion se présenta de s'en occuper sérieusement. Une Académie (1)

---

(1) Faculté de théologie protestante : nom sous lequel a été institué ce corps enseignant, que

protestante venoit d'être fondée à Montauban et attendoit un professeur capable de remplir dignement la chaire de philosophie. Tous les regards se tournoient sur Bénédict Prevost; et long-temps encore il resta douteux s'il voudroit, et s'il obtiendroit une place pour laquelle il étoit si bien préparé. Il sentit enfin qu'il pouvoit s'y rendre utile et qu'elle lui convenoit à divers égards. Elle fut offerte et acceptée (1). Depuis ce moment, il dirigea ses travaux vers l'objet d'enseignement dont il étoit chargé, et qui se lioit sous plusieurs rapports à ses études habituelles. Il se fit chérir de ses élèves et leur fut vraiment dévoué. Ses cours furent suivis avec empressemeet et avec fruit. « Loin de se borner à éclairer « la raison de ses élèves, dit un professeur « de la même Académie (2), notre col-

---

nous avons cru devoir désigner ici par celui d'Académie protestante, pour indiquer qu'elle n'exclut point de son enseignement les études préparatoires, étrangères à la théologie proprement dite.

(1) En 1810.

(2) M. Frossard; *Lettre du Rédacteur du Journal de Tarn et Garonne*, 17 Juillet 1819.

« légue, sachant très-bien que la Faculté (1)
« est spécialement chargée de présenter à
« nos églises des orateurs évangéliques,
« concouroit à ce but par l'élégance de son
« style et la pureté de sa prononciation,
« par la délicatesse de son goût et la saga-
« cité de ses remarques critiques.

« Il n'étoit pas moins habile à discerner
« les élèves qui répondoient à ses soins vi-
« gilans. Il les réunissoit dans son cabinet,
« ou les associoit tour-à-tour à ses prome-
« nades solitaires; leur distribuant les fruits
» de ses profondes méditations, s'attachant
« à développer leur génie, à éclairer leur
« entendement, à dissiper leurs préjugés,
« à redresser leurs erreurs : ...

« Parler des services qu'il a rendus à tous
« ses élèves, c'est assez exprimer qu'ils
« ont versé des larmes bien amères, lors-
« que Dieu l'a appelé dans un monde meil-
« leur. Leur excellent professeur n'est plus
« auprès d'eux, mais le souvenir de ses ins-
« tructions et de ses vertus leur reste ; elles

---

(1) La Faculté ou Académie protestante de Montauban.

« feront donc l'objet de leurs études et de
« leur imitation dans tout le cours de leur
« ministère.

« La douleur de ses collègues n'a pas été
« moins amère. Sa société nous offroit tant
« de charmes ; il hasardoit ses conseils avec
« une si douce humilité, il professoit un
« si louable éloignement pour tout esprit
« de secte ou de domination, qu'il exerçoit
» constamment sur nous l'influence de la
« prudence et de la sagesse, comme du
« modeste savoir et de la cordiale fraternité.

« Parlerons-nous des qualités aimables
» dont notre collègue offroit la précieuse
« réunion ? Mais où nous entraîneroient de
« si intéressans détails ? Et comment peindre
« une douceur si inaltérable, une charité
« si expansive, une âme si noble, des sen-
« timens si délicats ? Aussi simple dans la
« société que dans ses mœurs privées, il
« ne blessa jamais aucun amour-propre, il
« ne fut jamais offusqué par aucune répu-
« tation. D'ailleurs, quoique laïque et cé-
« libataire, on le voyoit si rarement dans
« le monde, où néanmoins il déployoit une
« aimable gaieté, qu'on ne le connoissoit

« guères que par les services importans qu'il
» rendoit à sa patrie et à ses amis. »

Bén. Prévost mourut, à la suite d'une
courte maladie (1), à Montauban, au sein
de l'amitié, dans la maison de M. Delmas,
le 10 Juin 1819, âgé de 64 ans, univer-
sellement regretté (2).

Je dois maintenant rendre un compte
sommaire des écrits de Bén. Prevost,
dont plusieurs ont paru dans des recueils
scientifiques, et d'autres n'ont point été
publiés. J'ai dit d'entrée que, sur cette
partie, la plus essentielle de la vie d'un
homme de lettres, nous avions d'abondans
matériaux.

Le premier écrit publié par Bén. Prevost
a paru dans le T. 21 des *Annales de chimie*
(Janvier 1797) sous les auspices de l'Académie de Montauban. La section des sciences
de cette Académie, l'avoit envoyé à la première classe de l'Institut national, qui l'avoit
entendu avec un grand intérêt. C'est le mémoire où sont exposés certaines phénomènes

---

(1) Note B.
(2) Note C.

produits par les émanations odorantes, qui rendent ces émanations visibles à l'œil. Il fut suivi peu après de quelques nouvelles recherches consignées dans le même recueil. Ce mémoire, ces recherches et la discussion subséquente annonçoient un observateur philosophe et mûri par l'étude.

Plusieurs autres écrits, sur des sujets variés, succédérent à ces premiers mémoires, et parurent dans diverses collections savantes : un seul fut imprimé séparément (1).

Mais le nombre des manuscrits, que l'auteur a laissés inédits, surpasse de beaucoup celui des ouvrages qu'il a publiés. Comme ces manuscrits ne sont pas entre les mains de nos lecteurs, nous croyons devoir en donner une notice un peu plus détaillée et ne pas nous contenter, comme pour les mémoires imprimés, d'une simple note de titres. En voici donc la description sommaire :

1. Une centaine de cahiers, intitulés, *Expériences, tant faites que projetées; Observations faites ou à faire; Remarques, conjectures, calculs, réflexions et*

---

(1) Note D.

pensées quelconques de B. P. Ces *observations variées* (1), sous forme de journal, sont au nombre de 4350. Elles commencent au 20 Novembre 1797, et finissent au 17 Septembre 1806; comprenant un espace de moins de neuf ans. Presque tous les articles de ce journal sont de Bén. Prevost lui-même et écrits de sa main. Plusieurs cependant font mention d'expériences et d'observations faites avec un ami, ou par cet ami seul. Un très-petit nombre ne sont pas écrites de sa main; et quelques-unes ne sont pas originales, mais sont de simples extraits ou copies de mémoires ou d'ouvrages d'autrui. Vers la fin, c'est-à-dire, depuis 1802, plusieurs articles de ce manuscrit sont sténographiés (2). Ces ob-

---

(1) C'est ainsi qu'elles seront désignées dans le cours de cette notice.

(2) La sténographie de Taylor, par Bertin, étoit celle qu'il avoit adoptée. Il y avoit fait, ou méditoit d'y faire, des changemens importans, dont il disoit quelques mots à son cousin Pierre Prevost, dans une lettre en date du 17 Mai 1803. Ces changemens ne paroissent pas dans nos manuscrits.

servations ont été en partie employées par l'auteur dans les divers écrits qu'il a publiés.

2. Plusieurs notes, trouvées éparses, dont quelques-unes sont des mémoires ou des parties de mémoires publiés du vivant de l'auteur. Dans le nombre, il se trouve quelques fragmens en caractères sténographiques. Voici les titres de quelques-unes de ces notes qui n'ont pas été publiées : — *Sur un chronomètre universel.* — *Sur le mouvement perpétuel.* — *Sur la fermentation vineuse insensible*, etc. — *Sur les différens degrés de condensation de l'alcool et de l'eau.* — *Sur un polype*, etc. — *Sur le sirop de raisin.* — *Sur une maladie d'une poule* — *Sur un ver sangsugiforme.* — *Sur le mouvement des trachées des fibres des plantes.* — *Sur le poids de l'atmosphère*, etc. — *Sur les aérolithes.* — *Sur le vide et le plein.* — *Sur les différens degrés de condensation de l'alcool et de l'eau*, etc. — *Sur les signes positifs et négatifs.* — *Note historique sur les logarithmes.* — *Sur l'instinct et la raison.* — *Sur un voyage à Genève.*

3. De nombreux cahiers, contenant des

observations relatives à des sujets particuliers, et qui, pour chaque sujet, forment une suite distincte ; savoir :

Observatious sur les serpens ; (huit cahiers).
─────── *sur les progrès de la végétation,* (deux cahiers).
─────── *sur les insectes, et en particulier sur la chenille du pommier et le papillon tête de mort,* (plus de douze cahiers).
─────── *sur les maladies des blés et sur quelques animalcules,* (plus de trente cahiers).

4. Cours de philosophie. *Deux années. Deux leçons par semaine de* Philosophie naturelle, *ou sur les sciences physiques, d'après le plan que j'eus l'honneur de communiquer à MM. les Inspecteurs généraux, le   Août ; et deux leçons par semaine de* Philosophie rationnelle, *Etude de l'esprit humain, d'après les* Essais de P. Prevost, *comme canevas ou plan général.* Tel est le titre, littéralement transcrit, d'un manuscrit, composé d'un grand nombre de cahiers, de main

de copiste, auquel l'auteur a ajouté des notes et fait çà et là quelques changemens. Une partie même du cours de Philosophie naturelle paroît avoir été recomposée rapidement, et a été laissée dans un état de rédaction très-imparfait.

Cet ouvrage a été annoncé (dans la lettre insérée le 17 Août 1819, dans le *Journal de Tarn et Garonne*) en ces termes : « Il « comprenoit dans ses doctes leçons et la « philosophie de la nature et celle de l'es- « prit humain. Mais il savoit très-bien que « l'étude préliminaire, spécialement utile à » un ministre des autels, c'est cette logique « qui donne un esprit juste et une raison « pleine da rectitude ; conduisant, par une « méthode sage et régulière, au double « talent de convaincre et de persuader ; ré- « primant les écarts d'une imagination trop « vive ; conduisant du connu à l'inconnu ; « dévoilant les secrets de la nature pour « mieux connoître et célébrer son divin « Auteur ; enseignant enfin à combattre « l'erreur qui dénature tout, et cet esprit « de sophisme, qui voudroit s'établir sur « les ruines de la vérité. Pour obtenir, sous

« ce rapport, un succès complèt, notre
« professeur puisoit de riches matériaux dans
« les ouvrages de Condillac, de Dugald
« Stewart, de Destutt-Tracy.....
« de..... Pierre Prevost. La physique,
« la chimie, l'histoire naturelle, ajoutoient
« un nouvel intérêt à ses instructions. Elles
« sont recueillies dans de précieux manus-
« crits, devenus l'héritage du..... pro-
« fesseur génevois que je viens de nommer.
« Il les rassemblera, les mettra en ordre ;
« et leur publication sera un bienfait pour
« le monde savant ».

5. *Correspondance.* Sous ce chef, nous comprenons toutes les lettres écrites à Bén. Prevost ; en particulier, sa correspondance, constamment suivie ; avec son cousin Pierre Prevost. Il y traitoit souvent des sujets scientifiques (1) ; et celles même qui sont écrites rapidement, ou sur d'autres objets, offrent toujours de l'intérêt.

Parmi ces divers manuscrits, il y en a peu qui pussent être publiés sans d'assez grands changemens. L'ouvrage qui paroît le plus

---

(1) Note E.

près d'être achevé est le *Cours de philosophie rationnelle*. Il y a cependant des citations trop étendues, ou plutôt de longs extraits d'ouvrages, trop connus pour être réimprimés en entier, mais qui, dans des leçons orales, étoient sans doute fort bien placés. Il y a aussi de grandes lacunes. Et à cet égard, voici la réponse d'un ami de l'auteur à ce que lui avoit écrit le rédacteur de cette notice : « Si, dans son cours de
« philosophie rationnelle, vous avez trouvé
« peu de chose qui se rapporte à la logique,
« c'est qu'il s'est servi du deuxième volume
« de vos *Essais*, sauf quelques dévelop-
« pemens qu'il improvisoit le plus souvent,
» ou bien qu'il écrivoit sur des feuilles vo-
« lantes, dont il ne prenoit ensuite aucun
« soin. Nous en avons trouvé quelques
« parties remplies d'abréviations, ou de
« phrases décousues, dont il pouvoit seul
« remplir les lacunes ».

Entrons dans quelques détails sur ces écrits de genres divers; parcourons rapidement ceux qui offrent le plus d'intérêt; et sans nous astreindre à en suivre exactement la marche, tâchons au moins d'en faire connoître l'objet, en nous bornant à un très-petit nombre d'exemples et de citations.

Je renonce à analyser le cours de philosophie naturelle, à cause de l'état d'imperfection où l'auteur l'a laissé. Ce n'est pas qu'il ne contienne des choses dignes d'être recueillies et que l'ordre même n'en soit assez remarquable ; mais presque tout ce qui appartient à l'auteur a été exposé par lui dans des mémoires détachés ; et dans le nombre des cours de cette nature qui ont été publiés et se publient d'année en année, il seroit à craindre que l'attention ne pût se fixer aisément sur un ouvrage qui est fort loin d'être achevé.

Cours de philosophie rationnelle.

Après quelques remarques préliminaires, l'auteur écarte l'idée de commencer par la fiction d'une statue inanimée, fiction qui lui paroît offrir quelque chose de contradictoire. Il considère l'homme dans son état actuel, et commence par l'analyse du sens de la vue. En donnant son attention au cas où des sensations visuelles se succèdent si rapidement qu'elles se composent et n'en font qu'une seule, il est frappé du phénomène produit par l'opposition de deux lumières blanches hétérogènes, et se trouve conduit à ce résultat, que la blancheur n'est qu'une sensation relative, que c'est toujours celle que fait naître la lumière dominante.

Il s'attache à discuter un fait, qu'il a observé sous plusieurs formes et duquel il infère une conséquence physiologique remarquable. En fixant à la fois, de loin, un petit objet (tel qu'une étoile) et un autre objet qui en est fort rapproché, mais beaucoup plus petit et moins apparent (tel qu'une autre étoile de grandeur fort inférieure), ce dernier objet (le plus petit) paroît s'agiter et tourner autour du premier (autour du plus grand) d'une manière irrégulière. — Voilà le fait. — La conséquence est que la pulpe nerveuse de la rétine (siége de la sensibilité) a un mouvement spontané, analogue à celui qui a été observé dans la pulpe cérébrale d'un animal vivant.

Les observations et les réflexions de l'auteur (principalement à l'occasion des couleurs) le conduisent à croire que la sensation a lieu, non à l'occasion de quelque impression ou impulsion immédiate des rayons sur la rétine, mais à l'occasion d'une combinaison chimique de ces rayons avec la pulpe nerveuse. Et il se sert de cette conception pour expliquer divers phénomènes, en particulier la durée de la sensation. Il revient sur ce sujet dans une autre partie du cours, et s'autorise de l'article second de la neuvième leçon de l'*Anatomie comparée de* CUVIER.

Il rapporte à la même cause la production d'une suite de couleurs par un rayon de lumière blanche, dans une expérience qui lui est propre. — Si dans une chambre, obscure d'ailleurs, on introduit un rayon solaire, et que dans ce rayon l'on fasse mouvoir un carton blanc et étroit; ce carton paroît coloré et présente une espèce de spectre solaire que l'auteur a fort étudié. — Cela vient suivant lui, de ce que les rayons élémentaires, qui affectent un même point de la rétine, s'y combinent plus ou moins rapidement.

Du reste, dans tout ce cours, il suppose celui de philosophie naturelle, comme complément nécessaire, et y renvoie quelquefois ; mais comme celui-ci est resté fort imparfait dans nos cahiers, ces renvois ne se vérifient pas aisément. En général, la partie physiologique occupe ici beaucoup de place, et il est facile de voir que le goût de l'auteur l'entraînoit de ce coté-là.

Nous ne croyons pas devoir suivre sa marche en détail ; et nous ne nous attachons qu'aux idées neuves qui nous frappent. Mais peut-être est-ce la peine de faire remarquer certains points de vue nouveaux des sujets les plus rebattus. Ainsi, lorsqu'il s'agit de faire voir que le sens de la vue ne peut seul nous donner des idées de forme tangible, de solidité, de résistance, quoique, dans notre état actuel, nous acquérions sans cesse de telles idées par ce sens; l'auteur observe, que nous acquérons aussi par la vue les idées de dureté et de pesanteur, et que cependant, avant que nous ayons manié un métal, l'œil ne nous indique pas sa consistance et son poids. Il compare ce que nous éprouvons à cet égard à l'état d'un homme, qui ayant constamment lié les sons aux mêmes signes écrits, finiroit par croire cette association nécessaire et primitive.

Quant à la vision binoculaire, il a du penchant à attribuer à l'habitude cette espèce de correspondance qui produit la vue simple avec un double organe ; et à croire qu'elle peut différer en différens individus (1).

Le sens de l'ouïe donne lieu à une intéressante discussion sur les hommes qui naissent privés de ce sens ; et à ce propos, l'auteur raconte ce qu'il a lui-même observé dans un voyage qu'il fit avec un jeune sourd-muet (2).

En parlant de l'odorat, il ne rappelle que par une simple citation ses découvertes sur les émanations odorantes.

Il passe enfin aux facultés intellectuelles.

Le mécanisme de l'attention est décrit avec beaucoup de soin et d'étendue. Voici à quoi il est réduit : « 1.° Les objets ex-

---

(1) Nous indiquons cette opinion, sans la partager. Nous ignorons si l'auteur, en la discutant, l'étayoit sur des argumens plus forts que ceux qu'offre notre manuscrit.

(2) Note F.

« térieurs, en agissant sur les organes des
« sens, occasionnent dans le système ner-
« veux certaines modifications, qui pré-
« cèdent immédiatement celles dont l'âme
« est ordinairement affectée à la suite d'une
« impression faite sur ces organes ; 2.° Lors-
« que l'âme éprouve de nouveau quelque
« modification en l'absence de l'objet qui
« l'avoit d'abord occasionnée, celle-ci est
» également précédée d'une modification
« correspondante de l'organe : ces modifi-
« cations ne diffèrent des premières que
« par le degré d'intensité, ou (quant à celles
« qui concernent l'organe) par la partie du
« système où elles prennent naissance ; 3.°
« L'esprit a la faculté d'augmenter l'intensité
« de la modification correspondante de l'or-
« gane. — C'est dans cette faculté que con-
« siste l'attention ; que consiste, si l'on
« veut, *la faculté de faire attention, de
« donner son attention*, aux objets exté-
« rieurs, à leurs qualités, ou aux idées de
« ces objets et de ces qualités ».

A la suite de cet exposé de ses propres
opinions, il s'occupe de l'attention d'après
Dugald Stewart ; il le transcrit et le

commente. Il en use à peu près de même en parlant des facultés de conception, d'association et d'abstraction. La mémoire et l'imagination ne se trouvent point formellement traitées dans nos cahiers, non plus que les facultés morales. La logique manque entièrement. Je m'en tiendrai donc à recueillir, dans cette seconde partie du cours, les idées originales que je rencontrerai dans les commentaires.

Je mets dans ce rang cette explication ingénieuse d'une vérité commune : « Il y a
« un moyen très-simple de rendre en ap-
« parence très-lents les mouvemens les plus
« rapides, et en apparence très-rapides les
« mouvemens les plus lents en réalité. Il
« n'y a qu'à s'éloigner des corps qui sont
« animés des premiers mouvemens, ou les
« regarder avec des verres qui les rappe-
« tissent ; et s'approcher des autres, ou les
« regarder à la loupe ou au microscope. Le
« mouvement propre des planètes et des
« comètes, ou de la terre, nous paroît
« très-lent, quoiqu'il soit extrêmement ra-
« pide. Certains animalcules paroissent, au
« microscope, se mouvoir avec une grande

« vîtesse, quoique dans le fait, ils se meu-
« vent très-lentement. A la vérité, cela ne
« vient pas seulement de ce que le verre
« agrandit en apparence l'espace parcouru,
« sans rien changer au temps employé à le
» parcourir ; mais encore de ce que nous
« établissons, sans nous en douter, quel-
« ques relations entre l'espace et la gran-
« deur du mobile ; nous trouvons, par
« exemple, que l'animal va vîte, lorsqu'il
« parcourt, par seconde, dix ou douze fois
« la longueur de son corps ; parce qu'en
« général un quadrupède est réputé *vîte*,
« lorsque ses mouvemens sont dans cette
« proportion, ou à peu près, avec sa
« taille ; mais la notion de vîtesse est in-
« dépendante des dimensions du mobile.
« Un point physique, ou même à la ri-
« gueur un point mathématique, qui fait
« douze toises par seconde, ne se meut ni
« plus ni moins rapidement que l'éléphant
« ou la baleine, qui parcourt le même es-
« pace dans le même temps ».

Porté à croire que le même principe
dirige les actions volontaires et involon-
taires, l'auteur du cours que nous analysons

remarque qu'en certaines maladies on fait involontairement ce qu'en état de santé on fait par un acte de la volonté. Il nomme la catalepsie et cite entr'autres le fait suivant : « Il y a, ou il y avoit, à la Salvetaz, près « Monclar, chez un de mes amis, un ca- « taleptique, qui s'endormit au moment où « il alloit verser une *rase* de blé (1) ; il « demeura dans cette position gênante assez « long-temps. » Il est évident qu'en cet état plusieurs muscles volontaires étoient en action.

Notre auteur ne croit pas prouvé que nous ayons toujours la conscience de l'impression des objets extérieurs sur nos organes, lorsqu'il n'en résulte aucun souvenir. « Pour avoir, » dit-il, « même la simple « conscience des sons formés par la personne « que nous n'écoutons pas, il faut y faire « attention jusqu'à un certain point ». Il éclaircit sa pensée par l'exemple du *syricnus*, ou de ce bruissement, qui provient du frottement des liquides contre les parois des vaisseaux qui se distribuent dans l'oreille.

---

(1) Quarante-cinq livres.

Il lui paroît que si l'on ne se souvient pas de l'avoir ouï, cela peut provenir quelquefois de ce qu'on n'a pas eu la conscience de cette sensation habituelle (1).

« Il ne suffit pas, pour sentir », ajoute notre auteur, « que les extrémités, qui aboutissent
« aux organes extérieurs, soient affectées,
« soient modifiées par la présence ou le con-
« tact de certains objets; il faut encore, pour
« qu'il y ait sensation, conscience, ou per-
« ception, pour qu'il en résulte une idée
« aperçue, que cette modification parvienne
« au cerveau; autrement, l'impression sur les
« extrémités pourra bien occasionner quel-
« ques mouvemens (convulsifs ou autres) non-
« volontaires; mais il n'en résultera, pour
« l'être sentant, aucune sensation, aucune
« perception, aucune idée.

« J'ai connu une personne, qui, lisant
« près du feu, ne s'aperçut qu'elle se brûloit
« le pied, que lorsque la blessure fut de-
« venue très-grave (2).

---

(1) Nous rapportons cette opinion, sans la discuter. Nous craignons qu'il n'y ait, dans l'acception du mot *conscience*, quelque équivoque.

(2) Note G.

« Mr. N$_{**}$ avoit sous les pieds des cors en-
« racinés profondément, qui le faisoient
« beaucoup souffrir : on lui proposa, pour
« l'en débarrasser de les brûler avec un fer
« rouge ; ....

« Un jour d'été, ses amis le trouvant
« étendu sur un lit, où il dormoit profon-
« dément, entreprirent de le guérir; .....
« ils appliquèrent, en effet, sur chaque
« cor, un fer incandescent, qu'ils enfon-
« çoient par fois de plusieurs lignes dans les
« chairs, poursuivant ainsi avec le fer et le
« feu, la cause du mal jusques dans ses
« dernières retraites.

« Cependant il continua de dormir du
« sommeil le plus paisible ; et à son ré-
« veil, au grand étonnement des opérateurs,
« il dit avoir fait des rêves fort agréables,
« qu'il leur raconta. Ainsi, loin de souffrir,
« pendant l'opération, des douleurs aigües,
« comme cela seroit sans doute arrivé
« s'il n'eût été plongé dans un sommeil en
« quelque sorte léthargique, il éprouvoit
« alors des sensations agréables (1).

---

(1) Note H.

« La cause occasionnelle de ces sensa-
« tions n'étoit pas la lésion organique que
« le fer rouge faisoit sur son derme ou ses
« chairs ; cela n'est nullement probable. Il
« paroît au contraire que le sommeil étoit
» si fort, que toute communication ner-
« veuse entre les extrémités et le cerveau
« se trouvoit interrompue.

« Pendant un sommeil ordinaire, une
« semblable interruption a toujours lieu,
« mais seulement par rapport à des impres-
« sions d'une énergie infiniment moindre.

« De ces réflexions et de ces faits, » con-
tinue notre professeur, « je conclus que ,
« si l'on n'a quelquefois aucune idée des
« impressions faites sur nos organes par les
« objets extérieurs, cela ne provient pas
« seulement de ce qu'on n'a donné aucune
« attention aux sensations excitées dans
« l'esprit par ces impressions, ou de ce
« qu'on ne leur a pas donné assez d'atten-
« tion, mais encore de deux autres causes;
« savoir : 1.° de...... la distraction oc-
« casionnée par des sensations ou des idées
« subséquentes, qui nous frappent par leur
« grande vivacité, ou qui agissent sur nous

« avec une énergie supérieure; et 2.° de ce
« que nous n'en avons pas eu même la
« conscience;...... de ce qu'en écoutant
« une personne, tandis qu'une autre nous
« parle, les sons formés par cette dernière,
« que nous entendons sans écouter, peu-
« vent faire impression sur le tympan, ou
« même sur les filets nerveux répandus
« dans la pulpe gélatineuse de l'oreille,
« sans nous donner aucune sensation, au-
« cune conscience de ces sons.

« C'est bien parce que nous faisons une
« trop grande attention à ce que dit l'une
« de ces deux personnes, que, n'en faisant
« aucune à ce que dit l'autre, nous ne l'en-
« tendons pas même parler; en effet, l'es-
« prit dispose alors l'organe de manière que
« certaines modifications, occasionnées par
« telles ou telles impressions, peuvent, à
« l'exclusion de toute autre, parvenir des
« extrémités au cerveau.

« C'est donc toujours à un défaut d'at-
« tention qu'il faut rapporter le phénomène;
« mais Mr. D. Stewart croit que c'est à la
« sensation reçue, et dont nous avons la
« conscience, que nous ne faisons pas at-

« tention ; et moi je pense, que nous n'a-
« vons pas même la sensation, ou la cons-
« cience de la sensation, lorsque nous ne
« disposons pas l'organe de manière à ce
« que l'impression puisse produire la sen-
« sation, ou la conscience de cette sensa-
« tion ».

Sur ce passage des *Elémens de la philosophie de l'esprit humain* : « Il n'y a point
« de propositions plus difficiles à démon-
« trer, que celles qui sont très-voisines des
« axiômes et ne s'en éloignent que de quel-
« ques pas ; » on lit un commentaire fort
étendu, dont voici le début : « Cela n'est
« vrai, que lorsque ces propositions sont
« elles-mêmes des axiomes, ou devroient
« être réputées telles ; ou lorsque la dé-
« monstration dépend de la définition, quel-
« quefois impossible, ou au moins très-
« difficile, de certaines notions élémen-
» taires, sur lesquelles on feroit souvent
« beaucoup mieux de chercher à s'entendre
« de toute autre manière ; ce qui d'ordi-
« naire est extrêmement aisé. » Il choisit
l'exemple de la définition de la ligne droite,
et indique une méthode par laquelle cette

définition se simplifie. Cet exemple est suivi d'une remarque analogue sur la définition de l'angle et sur la théorie des parallèles qui en dépend. Toute cette discussion, qui appartient à la logique, est amenée par la nécessité que l'auteur s'est imposée de suivre pas à pas l'ouvrage qu'il commente. Il est probable, qu'en traitant de la logique, il approfondissoit ce sujet.

En parlant de la faculté de conception, M^r. D. Stewart remarque qu'un peintre peut tracer un portrait de mémoire ; sur quoi l'on trouve ici cette note : « *Un peintre de por-*
« *trait trace de mémoire*, etc. — même sans
« y voir : Il y avoit ici (à Montauban) au
« spectacle, un homme qui, les mains liées
« derrière le dos, découpoit en papier noir
« le profil très-ressemblant de quiconque
» vouloit lui donner une pièce de 10 ou
« 15 sous. Je ne l'ai pas vu, mais je tiens
« le fait de plusieurs témoins oculaires ; et
« j'ai, d'un de mes amis, son portrait qu'il
« m'a dit avoir été fait de cette manière.
« Quoique je dessine très-peu et très-mal,
« je trace facilement, sans y voir, un profil
« de figure humaine, qui souvent n'est pas

« trop ridicule; mais qui quelquefois, il est
« vrai, est une drôle de caricature. »

Telle est l'abondance des idées, qui s'offrent à notre professeur, qu'à propos d'une phrase sur l'éducation des femmes, il se livre à une digression fort étendue, où nous ne croyons pas devoir le suivre. Nous abandonnons de même une autre digression sur l'immatérialité de l'âme, en faveur de laquelle l'auteur se prononce nettement, mais sans offrir des argumens nouveaux.

Ici finissent nos cahiers, où l'on trouve çà et là de très-longues citations d'auteurs qui ont écrit sur la physiologie (tels que Cuvier, Dumas, Cabanis) et d'auteurs qui ont traité de la psychologie (tels que De Gérando, Destutt-Tracy) et de ceux entr'autres dont il a suivi la marche pied à pied.

L'ouvrage, bien que copié et remis au net, n'est évidemment pas achevé; il y a à retrancher, à ajouter, à corriger. — Qui voudra l'entreprendre ? — Nous croyons du moins avoir montré, en le parcourant rapidement, qu'il est le fruit de beaucoup de réflexion et de lecture.

* * *

Le plus considérable des ouvrages que Bén. Prevost a publiés de son vivant est sans contredit son mémoire *sur la carie des blés*. La partie de ce mémoire, qui appartient à l'histoire naturelle, peut, dans l'art d'observer, passer pour un vrai modèle. C'est surtout dans ses journaux, que l'on peut juger du travail et du talent de l'observateur. On l'y voit aller de découverte en découverte ; suivre pas à pas la plante parasite (1) qui produit la carie, sa naissance, ses développemens, ses maladies. Dans la partie que l'on peut appeler agronomique, il indique, par une suite d'expériences, les causes destructives de ce champignon parasite qu'il a décrit avec tant de soin, et les doses de sel cuivreux les plus convenables pour mettre les blés ensemencés à l'abri de toute atteinte. Ses amis virent avec chagrin l'espèce d'indifférence avec laquelle on parut accueillir, au premier moment, ces utiles recherches. Pour lui, il attendit, sans se plaindre, que le public lui rendît justice.

---

(1) *Uredo caries.*

Elle lui a été pleinement rendue. En Suisse, en Angleterre, dans les Pays-Bas, ses recettes ont été adoptées, et on s'en est fort bien trouvé (1).

L'histoire naturelle doit à Bén. Prevost plusieurs mémoires, entr'autres la description de l'insecte aquatique auquel il a donné le nom de *chirocéphale*, dont il a étudié et décrit le genre de vie et les habitudes avec le plus grand dérail (2).

Elle lui doit encore de curieuses observations sur l'araignée fasciée, sur le sac ou cocon dans lequel elle dépose ses œufs, et sur le procédé remarquable dont elle use pour construire sa toile de fils gluans propres à retenir sa proie, e de fils non-gluans sur lesquels elle marche et court librement.

Ses recherches sur la manière dont le sphinx tête-de-mort opère le cri ou bruissement qui lui est propre n'ont, à ce que nous croyons, été publiées nulle part. En résultat elles prouvent, « que le cri de ce « sphinx n'est point produit par le frotte-

―――――――――
(1) Note I.
(2) Mr. *Jurine* a employé ce mémoire dans son *Histoire des monocles*, qui s'imprime à Genève chez Paschoud.

4

« ment de la trompe contre les lames, ou
« de ces lames contre la trompe; mais que
» ce cri est l'effet de l'air, ou de quelque
» gaz, qui, en sortant du corps du pa-
» pillon, frôle contre une espèce de
« larinx ». Il se réservoit toutefois de multiplier encore les expériences, déjà bien nombreuses, qui fondent cette assertion.

Les naturalistes n'ont pas oublié l'observation de F. Huber sur les antennes des abeilles, de laquelle il sembloit résulter que ces insectes, privés de leurs deux antennes, perdent en quelque sorte leur instinct et se montrent incapables de se diriger d'une manière sûre. Bén. Prevost a répété cette expérience sur un grand nombre de mouches; mais les résultats qu'il a obtenus n'offrent rien de bien positif. C'est peut-être ce qui l'a empêché de les publier. Ses journaux manuscrits en rendent un compte détaillé.

Ce que Bén. Prevost a fait de plus important en physique, est, à notre avis, son grand mémoire *sur la rosée*. Il détermina nettement les lois des phénomènes de cette classe; mais il ne pénétra pas jusqu'à leur cause. Il crut voir un jeu d'attractions, là où les principes établis sur la chaleur rayonnante paroissent suffire à l'explication des faits principaux (1).

Nous avons déjà rappelé ses recherches sur les effets visibles des émanations odorantes.

Ses expériences sur l'effet de la réflexion pour augmenter l'intensité des couleurs, et la discussion d'une question relative à la vaporisation, furent les derniers mémoires qui parurent de lui pendant sa vie.

Les *Annales de chimie et de physique* ont publié, après sa mort, une courte note, où il indique un moyen, aussi simple qu'ingénieux, de prouver l'égalité de la force de pesanteur absolue dans des corps de poids divers et de pesanteurs spécifiques inégales (2).

Nous trouvons dans ses journaux une note sténographique *du 13 Août 1802*, qui montre, qu'à cette époque il méditoit un ouvrage sur le calorique. Comme cette note contient d'ailleurs une remarque de quelque

---

(1) Note K.
(2) Note L.

importance, nous croyons devoir la transcrire ici.

« Dans le grand ouvrage sur le calorique, il ne faudra pas oublier d'expliquer pourquoi, dans un culot (1) de métal rouge du feu, l'eau s'évapore d'autant plus lentement que ce métal est plus chaud. Le culot (2) étant rouge, dégage de la lumière, et tend plutôt à absorber le calorique qu'à le lâcher ; de manière qu'il ne peut se former de la vapeur ; parce que, pour former cette vapeur, il ne faut pas de la lumière, mais du calorique ».

Ce peu de paroles pourroit donner lieu à un assez long commentaire. Quant au grand ouvrage sur le calorique, qui est ici annoncé, comme nos manuscrits n'en font aucune autre mention, il est probable que le plan en étoit resté dans la tête de l'auteur, sans que, dans le cours de dix-sept ans, il ait songé à le jeter par écrit. Mais quant à

---

(1) Ou un *coulée*. Le signe sténographique convient également à ces deux mots.

(2) Ou la *coulée*.

ses principes, nous les trouvons nettement exposés dans le même journal d'*Observations variées*, d'où la note précédente est tirée. Cette exposition y est faite de deux manières, sous les dates *du 9 et du 10 Septembre 1802*, aux articles 4239 et 4241. Ces deux expositions sont, l'une et l'autre, en caractères sténographiques. Nous nous faisons un devoir de les transcrire.

« 4239. *Principes de ma théorie du calorique.*

« 1.° La lumière et le calorique sont deux » substances distinctes et même très-diffé-
« rentes l'une de l'autre.

« 2.° La lumière est éminemment élasti-
« que ou expansible.

« 3.° Elle n'en est pas moins suscep-
» tible de se combiner.

« 4.° Le calorique au contraire n'a pres-
« que point ou peut-être point du tout
« d'expansibilité ; il ne rayonne jamais.

« 5.° Dans les phénomènes où l'on a cru
» qu'il produisoit cet effet, il me paroît
« très-probable que l'on s'est trompé, et
« que ce qu'on appelle *calorique rayon-*
« *nant* est la lumière elle-même ralentie.

« 5.° En général, le calorique et la lumière se précipitent mutuellement ; ce qui n'empêche cependant pas que, dans certaines occasions, ils ne puissent se réunir et produire ensemble certains phénomènes.

« 7.° La lumière et le calorique produisent souvent, l'un et l'autre, des effets semblables, comme plusieurs gaz ont des propriétés communes quoique très-différens. »

SUITE, OU PLUTÔT AUTRE RÉDACTION, DE L'ARTICLE 4239.

« 4241, *Principes fondamentaux de ma théorie du calorique et de la lumière.*

« 1.° Le calorique et la lumière sont deux substances distinctes, et même très-différentes l'une de l'autre.

« 2.° Il n'est pas impossible que ces deux substances puissent quelquefois se réunir, ou du moins je n'en vois pas à présent l'impossibilité ; mais je crois que le calorique peut produire les phénomènes qu'on lui attribue lorsqu'on ne le considère pas

« comme rayonnant, indépendamment de la
« lumière ; ainsi lorsque le calorique passe
« lentement et rampe, pour ainsi dire,
« d'un corps dans un autre, à peu près à
« la manière de l'eau hygroscopique, c'est
« du calorique pur, ou presque pur, et sans
« lumière.

« 3.° Le calorique n'est point ou presque
« point expansible ; c'est plutôt un li-
« quide qu'un fluide élastique.

« 4.° En général, et dans la plupart
« des phénomènes ; le calorique et la lu-
« mière se précipitent mutuellement; c'est-
« à-dire, qu'en général, un corps ne se
« pénètre de lumière qu'en abandonnant
« une partie de son calorique latent ou in-
« terposé (j'expliquerai ce que j'entends
« par là) ; et réciproquement, il ne se
« pénètre de calorique (en général) qu'en
« abandonnant une partie de la lumière qu'il
« peut contenir intérieurement, comme les
« diamans que l'on expose à la lumière et
« que l'on plonge ensuite dans l'eau bouil-
« lante.

« 5.° Ce que l'on appelle calorique rayon-
« nant est apparemment de la lumière ; qui

« a perdu une partie de son mouvement,
« ou qui se trouve combinée avec quelque
« autre substance, qui peut bien être quel-
« quefois le calorique ».

Ceux de nos lecteurs qui connoissent la théorie du feu composé, de J. A. DE LUC, saisiront aisément les rapports et les différences, qui existent entre cette théorie et celle de BÉN. PREVOST. Il n'est pas facile de dire si ce dernier, à l'époque où il écrivoit ces notes, connoissoit les ouvrages où DE LUC aprodnit son système. Il avoit pu en avoir quelque idée par ce qu'en avoit dit l'auteur des *Recherches sur la chaleur* (1); mais indépendamment de cette espèce de précipitation mutuelle substituée à la simple idée de *vapeur*, il ne faut pas douter qu'il n'eût formé ses conceptions par l'observation bien plus que par la lecture, et il est bien à regretter qu'il ne nous en ait laissé que de si foibles traces. Du reste, soit qu'il ne se fût pas affermi dans ces prin-

---

(1) *Recherches physico-mécaniques sur la chaleur*, par P. PREVOST, Genève *1792.* Introduction, p. 2 — *Calorique rayonnant*, §. 4.

cipes, ou qu'il n'en fît pas dépendre l'explication des phénomènes communs (l'envisageant à peu près comme son cousin envisageoit (1) la théorie du feu composé), il traitoit du calorique, dans sa correspondance, sans s'écarter de la manière commune de concevoir le rayonnement ; et en particulier, relativement à ses expériences sur l'eau qui se dépose de l'air, il adopta l'explication que son cousin publia dans son traité *du Calorique rayonnant* (2), et qu'il lui avoit fait connoître antérieurement.

Le même journal manuscrit contient, sous la date du 25 Juin 1798, un assez long article qui commence ainsi : « J'ai conçu de« puis long-temps et communiqué à quel« ques amis le projet d'une *Histoire de* » *l'air* ». C'est le premier germe d'un plan d'observations météorologiques simultanées en différens lieux, pour l'exécution duquel Bén. Prevost imagina des moyens ingénieux de forcer les instrumens, en particulier les baromètres, à laisser des traces de

---

(1) *l. c.*
(2) §§. 195 *et suiv.*

leur marche. Il mettoit beaucoup de chaleur à cette entreprise, où d'autres l'avoient précédé, et sur laquelle nous ne croyons pas qu'il ait rien publié (1).

La variation diurne du baromètre est un phénomène qui n'a été bien reconnu que tout récemment. Bén. Prevost l'avoit observée au moins dès l'année 1799. Voici comme il s'exprime à la date du 12 Novembre de cette année là : « Il me semble
« avoir remarqué (2) qu'il y avoit toujours
« un moment dans la matinée où le baro-
« mètre descendoit, même lorsqu'en général
« il étoit ascendant ; et toujours un mo-
« ment dans l'après-midi où il montoit, lors

---

(1) Depuis que ceci est écrit, nous avons appris qu'il avoit envoyé un mémoire sur ce sujet à un journal, auquel il en a fourni plusieurs autres de son vivant, et qui probablement en rendra compte. Nous n'avons pas ce mémoire dans sa dernière rédaction; et nous ne pourrions par conséquent en donner qu'une analyse imparfaite.

(2) C'est-à-dire, avoir remarqué par écrit dans le journal d'où ce passage est extrait, ou dans quelqu'autre journal d'observations.

« même qu'en général il étoit descendant.
« J'en suis sûr depuis trois jours, et je me
« propose de l'observer autant que les cir-
« constances me le permettront. Je noterai
« seulement quand cela ne sera pas. » —
Nous ne doutons pas que le dépouillement
de ses journaux météorologiques n'offrît à
cet égard quelques résultats intéressans.

Le nombre de ses mémoires de physique
et d'histoire naturelle, publiés et non-pu-
bliés, est trop grand, et ses journaux sont
trop volumineux, pour que nous entrepre-
nions et de dépouiller ceux-ci et de rendre
un compte détaillé de tant de travaux variés (1).

Il avoit exercé son esprit inventif sur
quelques sujets de mathématiques. La théorie
des quantités négatives avoit attiré son attention ; il avoit correspondu là-dessus avec
Mr. le professeur DÉVELEY, dont il goûtoit
les principes en cette matière. On se rappelle qu'il avoit assez étendu ses connoissances en ce genre, pour lire un ouvrage
qui en suppose beaucoup. Et ses journaux

---

(1) Note M.

attestent l'emploi fréquent qu'il faisoit du calcul dans ses savantes méditations.

Indépendamment du cours de philosophie rationnelle, dont nous avons donné l'esquisse, on comprend aisément que son auteur ne pouvoit manquer de faire bien des observations liées à l'étude de l'esprit humain. On trouve en effet dans ses cahiers quelques réflexions de ce genre. En voici deux, qu'il écrivoit sténographiquement *en Juin* 1802.

— « Quelque petit que soit l'objet que
« nous avons en vue, il est souvent assez
« grand pour nous empêcher de voir aucun
« des autres ».

— « On est tellement accoutumé à l'in-
« justice, que quand on rend justice à
« quelqu'un, il semble qu'on lui fait
» grâce ».

Voici d'autres observations morales et logiques tout à la fois, sous la date du 5 *Octobre* 1799. (Article 1343 des *Observations variées*).

« On peut comparer la propension de
« l'esprit de l'homme vers les extrêmes à
« celle d'un pendule en mouvement, qui,

« au lieu de s'en tenir à son point de sus-
« pension lorsqu'il semble vouloir y des-
« cendre, remonte en sens contraire à peu
« près aussi haut que le point d'où il vient
« de descendre, et met un temps infini à at-
« teindre, sans le dépasser, ce juste milieu,
« dans lequel il est en repos et possède
« son parfait équilibre.

« Des sots ont lu les philosophes, n'y
« ont rien compris, ont tordu le sens de
« leurs expressions et en ont abusé lors-
« qu'ils ont eu le pouvoir en main. De là
« certaines gens ont accusé les philosophes,
« et même la philosophie, d'être la cause
« des abus et des malheurs qu'a entraînés
« avec elle la révolution.

« On manquoit de méthode, il y a quel-
« ques années dans l'étude de la nature ;
« on a senti la nécessité de s'en former
« une et de classer les objets. Mais au lieu
» de ne considérer les classifications et les
« systèmes que comme des accessoires à la
« science, on en a fait l'objet principal et
» l'on a long-temps négligé le reste. Il me
« semble voir quelque pédant s'enorgueillir
« de savoir par cœur la table des chapitres

« d'un ouvrage volumineux et intéressant,
« dont il ignore d'ailleurs absolument le
« contenu.

« D'un autre côté, persuadés de cette
« vérité, d'autres négligent absolument les
« méthodes et les systèmes ».

On trouve, dans ces mêmes *Observations variées*, diverses vues relatives aux arts et à d'autres sujets dont l'auteur ne s'occupoit qu'occasionnellement.

L'agriculture entr'autres fixoit souvent son attention. En Juillet 1798, il s'exprimoit ainsi :
« L'eau qui, tombant des nuages, s'écoule
« des pièces dans les fossés, dans les ruis-
« seaux ou les rivières, et de là à la mer, en-
« traîne certainement avec elle les sucs,
« presque tous dissolubles, propres à la nour-
» riture des végétaux. — Depuis long-temps
« je me suis demandé, s'il ne seroit pas
« possible de les retenir ». Il propose à cet effet divers moyens, et s'arrête à l'idée de construire de profonds et larges fossés, couverts de végétaux semés ou plantés sur leurs bords.

En *Octobre* 1799 (article 1382), il voit un troupeau dans une vigne. Il s'adresse au

berger, enfant de dix à 12 ans, et lui dit qu'il ne faut pas mener là ses bêtes. Mais «, dit Bén. Prevost, « il m'a assuré, que les
« brebis ne faisoient point de mal aux jeunes
« souches, qu'elles ne les étêtoient point;
« qu'en général elles s'adressoient aux autres
« plantes ; et que quand elles touchoient
« à la vigne, ce n'étoit que pour en tondre
« délicatement quelques feuilles. Je me suis
« arrêté là très-long-temps, et j'ai en effet
« vérifié tout ce que m'a dit le jeune berger.
« Il a ajouté que les *moutons* étêtoient les
« jeunes souches et leur faisoient beaucoup
« de mal; mais qu'il n'en étoit pas de même
« des brebis ». Nous ignorons si le fait général est bien constaté, et nous le recueillons ici parce qu'il nous semble mériter qu'on le vérifie.

En *Mai* 1800 (article 2055), il fait l'observation suivante : « Le verre, collé avec
« de la gomme arabique sur le verre, tient
« si fort, que lorsqu'un carreau est un peu
« cassé, je pense qu'il vaut beaucoup mieux
« coller par-dessus un autre morceau de
« vitre, dont ordinairement on ne manque
« pas. Cela est long à sécher, surtout en

« hiver ; mais lorsqu'une fois cela est sec,
« il est si difficile de le décoller, que je
« n'ai jamais pu y réussir sur des morceaux
« de verre que j'avois ainsi collés contre
» des carreaux de vitre sains, pour faire
« certaines expériences ».

Et *en Août* 1800, (article 2214) « L**
« avoit de la gomme dans un verre ; cette
« gomme s'étant séchée, il la laissa ; quoi-
« qu'il eût entendu dire (et que je l'eusse
« éprouvé) que, dans ce cas, le verre
« finissoit par se casser. Mais il croyoit que
« l'effort étoit fait. Cependant la gomme
« ayant acquis un plus haut degré de des-
« siccation, le verre s'est fendu et cassé.
« D** nous raconta qu'une pareille aven-
« ture lui étoit arrivée, etc. Voilà qui
« suppose une bien grande force dans l'at-
« traction des parties de la gomme et celles
« du verre, et entre les parties de la gomme
« entr'elles. Cela me donne l'idée de com-
« poser une pâte de gomme et de verre
« pilé ».

Comme membre de l'Académie de Montauban, Bén. Prevost fut appelé à faire des rapports sur divers sujets. Plus d'une fois les administrations locales eurent recours à ses lumières, soit pour apprécier les progrès des élèves de quelques écoles, soit pour juger du mérite et de l'utilité de quelques inventions nouvelles.

En un mot, sa vie active et studieuse embrassoit une multitude d'objets intéressans, qui lui laissoient sans doute peu de loisir, mais qui lui procuroient de solides et pures jouissances. Long-temps il n'eut d'autre devoir que celui de cultiver la science. Il se l'étoit imposé à lui-même, et il s'en acquittoit avec le même zèle qu'un fermier diligent met à rendre sa terre productive. L'ambition de découvrir les secrets de la nature, de participer aux lumières de son siècle, d'en accroître la masse dans la sphère qui étoit à sa portée ; tel étoit le principe moteur de tous ses travaux. Ses journaux et sa correspondance attestent son assiduité au travail, son ardeur à entreprendre de laborieuses recherches, et sa constance à les suivre (1).

Dès ses premiers pas dans la carrière qu'il

---

(1) Note N.

avoit entrepris de parcourir, il avoit appris à juger les observateurs et les philosophes; il savoit que les uns sont exposés à ne voir qu'imparfaitement, et les autres à tirer des conséquences hasardées. Il résolut donc de voir par lui-même autant que la chose seroit possible, et de soumettre à son jugement, de la manière la plus libre, tous les raisonnemens d'autrui.

Modeste toutefois et défiant de lui-même, il apprit bientôt à peser ses propres observations et ses propres jugemens à la même balance rigoureuse à laquelle il soumettoit ceux des autres. Une expérience n'étoit jamais assez répétée. Travaillant de jour à jour sur un même sujet, il laissoit passer les mois et quelquefois les années avant de se tenir pour assuré de ce qu'il avoit vu, ou des conclusions que les faits lui avoient suggérées. Il étoit éminemment observateur.

Pour peindre son caractère moral d'un seul trait, il suffiroit presque de rappeler ses longues et inviolables amitiés. Tous ceux qui ont eu avec lui des rapports suivis lui ont accordé la plus parfaite estime. La haine et l'envie n'approchèrent jamais de son cœur.

Il ressentoit vivement les moindres services, et oublioit les torts que l'on pouvoit avoir à son égard ; son commerce étoit sûr, ses manières simples, ses mœurs douces et pures.

Il ne paroît pas avoir jamais songé à se marier. Il auroit fallu, en contractant un engagement, qu'il renonçât à ses goûts, ou que sa fortune reçût quelque accroissement. Alors même que, par un traitement fixe, il eut acquis une sorte d'indépendance, ce ne fut qu'en évitant soigneusement toute dépense superflue, qu'il put faire quelques foibles épargnes. Avant cette époque, et aussi long-temps que ses parens vécurent, il n'en fit que pour eux. Et le petit nombre d'années qu'il leur a survécu put à peine suffire à commencer un capital de réserve pour l'extrême vieillesse, qu'il n'a point atteinte.

Mais la vraie richesse, celle dont il a pleinement joui, cette richesse intellectuelle, qui aime à être partagée, qui en se répandant fructifie ; ce trésor de connoissances utiles, qu'il travailloit sans cesse à grossir et toujours avec la même ardeur ;

cette richesse impérissable, a fait le bonheur de sa vie et l'a suivi dans la tombe ; elle lui a valu la plus honorable réputation et les regrets les plus mérités.

NOTES.

Note A, p. 5.

Famille.

Jean-Jaques Prevost, d'une ancienne famille de citoyens de Genève, avoit épousé Marie-Élisabeth Henri, aussi citoyenne de Genève; et eut d'elle une fille, morte assez jeune sans être mariée, et un fils qui est le sujet de cette notice.

Note B, p. 24.

Dernière maladie.

La dernière maladie de Bén. Prevost dura treize jours. Il fut sous les soins de Mr. le Dr. Raynaut, qui a bien voulu, sur la demande de Mr. Delmas, me donner quelques détails à ce sujet. « Mr. Bén. Prevost », est-il dit dans ce rapport, « âgé de soixante-
« quatre ans, maigre, élancé, d'une cons-
« titution nerveuse, affoibli par l'étude et
« l'abus du café, fut atteint, au commen-
« cement de Juin dernier, d'une fièvre ata-
« xique (maligne), qu'on pourroit appeler

« cérébrale, si l'on n'avoit égard qu'à l'at-
« teinte profonde dirigée sur le cerveau, et
« que d'autres nommeront, avec HUXHAM,
« fièvre lente nerveuse, la différence entre
« les deux espèces n'étant pas encore bien
« établie par les nosologistes ».

A la suite de cette désignation générale, sont exposés les symptômes et le progrès du mal, ainsi que le traitement, forcément réduit presque à la médecine expectante, par l'impossibilité où se trouvoit le malade de supporter aucun remède.

NOTE C, p. 24.

Obsèques.

Le Journal de Tarn et Garonne (du 23 Juin 1819) rend compte des honneurs rendus à sa mémoire dans sa patrie adoptive : « M. le
« Préfet et plusieurs autres fonctionnaires,
« MM. les Doyen et Professeurs de la
« Faculté en corps, ainsi que MM. les
« Étudians, MM. les Présidens, Pasteurs
« et Anciens du Consistoire ; MM. les
« membres de l'Académie ; MM. les Pro-
« fesseurs du collége ; et enfin, plusieurs
« habitans notables de la ville, ont célébré

« ses obsèques, qui ont eu lieu Dimanche
« matin (1). Lorsque sa dépouille mortelle
« a été déposée dans la tombe, M. Fros-
« sard, Doyen par interim de la Faculté,
« a prononcé son éloge ».

Note D, p. 25.

Ouvrages.

Voici les titres des mémoires qui ont paru dans diverses collections.

Annales de chimie.

T. 21, (Janvier 1797). *Sur divers moyens de rendre visibles à la vue les émanations odorantes.* — (Extrait dans le Bulletin de la Société philomathique, T. 2).

T. 22, (Avril 1797). *Corrections à ce mémoire par l'auteur.*

T. 23, (Octobre 1797) *Sur les effets odoroscopiques des corps chauds et froids inodores, et des substances odorantes. Faisant suite au précédent et envoyé de même à l'Institut par la Section des Sciences de l'Académie de Montauban.*

---

(1) 20 Juin 1819.

T. 24. Suite.

T. 42, (2 Octobre 1801). *Mémoire servant de réponse à* M. CARRADORI, *sur le même sujet.*

T. 42, *Observations sur un insecte aquatique.* Cet insecte est celui que l'auteur a nommé *chirocéphale diaphane.* Il en avoit fait l'histoire détaillée à l'Académie de Montauban, et l'avoit présentée en abrégé à la Société de Physique et d'histoire naturelle de Genève. (C'est aussi le sujet d'un mémoire imprimé dans le *Journal de Physique,* T. 46).

T. 44 (3 Octobre 1802). *Mémoire sur la rosée.*

ANNALES DE CHIMIE ET DE PHYSIQUE.

T. 6, (1817), *Sur des yeux d'une organisation particulière et sur un moyen simple de suppléer, au moins momentanément, aux lunettes des presbytes.*

Ibid. *Sur les concrétions vésicales d'oxalate de chaux, qui ne sont pas murales,* par MM. MARTRES et BÉN. PREVOST.

T. 10. (1819). *Sur le ralentissement des corps légers dans l'air.*

Bibliothèque Britannique.

T. 18. (1801). *Lettre aux Rédacteurs.* — Description du cocon où l'araignée fasciée enferme ses œufs et de la manière dont elle le construit. — Et *Remarques sur l'araignée des jardins, lues à la séance publique de la Société des Sciences et Arts de Montauban, le 30 Août* 1800. — Fils gluans et non-gluans, etc. (Extrait dans le Bulletin de la Société philomathique, T. 2).

T. 30, (1805). *Extrait d'une lettre au professeur* Pierre Prevost, *sur une question relative à l'aberration astronomique.*

T. 45. (1810). *Considérations sur le brillant des yeux du chat et de quelques autres animaux, adressées au professeur* Pictet, *par* Bén. Prevost, *Président de la Société des lettres et des sciences de Montauban.*

Bibliothèque Universelle.

T. 2. (1814). *Considérations sur la nature des causes, qui maintiennent constante, ou à peu près constante, la proportion de l'azote et de l'oxigène dans l'atmosphère.*

T. 4. *Sur le mode d'émission de la lumière, qui fait juger de la couleur propre des corps, et sur les moyens d'augmenter considérablement l'intensité de cette lumière.*

T. 5. *Addition au mémoire sur le mode d'émission de la lumiere qui part des corps colorés ; moyens d'augmenter considérablement l'inteusité de la couleur de ces corps.*

T. 6. *Remarques sur ce qui est dit dans l'extrait du Traité de physique expérimentale et mathématique de M.* Biot, *à propos de l'ébullition, de la vaporisation et de l'évaporation.*

Journal de Physique.

T. 73, (1801) *Mémoire sur la figure des comètes.*

T. 46, (1803). *Histoire d'un insecte ou d'un crustacée, que l'auteur a cru devoir appeler* chirocéphale diaphane, *et de la suite remarquable de métamorphoses qu'il subit.*

Les *Annales de chimie.* T. 42, contiennent aussi des *Observations* sur cet insecte.

Annales de la Société pratique de Montpellier.

En 1803. *Examen d'une concrétion calculeuse trouvée dans l'urétre d'un bœuf.*

En Février 1805, *Voyage avec un sourd-muet de Lyon à Toulouse.*

En Mai de la même année, *Effet remarquable du quinquina sur les verres à boire.*

Publié séparément.

Mémoire sur la cause immédiate de la carie ou du charbon des blés, et de plusieurs autres maladies des plantes, et sur les préservatifs contre cette funeste maladie, Paris, 1807.

Note E, p. 30.

Correspondance.

Nous en donnerons pour exemple le théorème sur l'influence annuelle de l'irradiation solaire, que Bén. Prevost suggéra à son cousin, à l'époque où celui-ci se préparoit à publier ses *Recherches sur la chaleur* (1).

---

(1) Ce théorème y fut utilement employé, §. 98. — Et dans le traité *du Calorique rayonnant*, p. 450.

Pendant plusieurs années subséquentes, le calorique devint, dans la correspondance de ces deux amis, un sujet habituel de discussion. Ils se rendoient compte mutuellement, non-seulement de leurs propres travaux, mais de ceux dont ils étoient témoins; et cette communication de lumières rapprochoit pour eux les distances.

Nous avons vanté la douceur de cet ami, de ce correspondant, si justement regretté; et en parcourant ses journaux, dans lesquels il se parloit à lui-même, quelquefois sur des sujets délicats, nous n'avons trouvé aucune occasion de changer à cet égard le jugement que nous avions dès long-temps porté.

Une fois cependant, à propos d'une discussion scientifique, nous avons aperçu chez lui quelques traces d'impatience. Comme c'étoit à l'occasion d'une question de quelque intérêt, il ne sera pas inutile d'entrer dans plus de détail.

Le 3 Février 1804, en répondant à son cousin, qui lui avoit annoncé la mort de G. L. Le Sage, Bén. Prevost témoignoit sa sensibilité à la perte que la science et l'amitié venoient de faire; et à ce propos

il revenoit sur des questions liées au système des corpuscules ultramondains (1); et mentionnoit une objection qu'il avoit dès long-temps élevée contre tout système qui prétendroit expliquer l'attraction sans expliquer la cohésion. Il l'exprimoit ainsi : « Les parties de
« la matière première (d'un corpuscule ultra-
« mondain, par exemple) tiennent ensemble
« avec une très-grande force; et cette force
« ne sauroit avoir de cause assignable; mais
« quelle qu'elle soit, pourquoi cette même
« force, qui fait adhérer les parties de la
« matière première au contact, ne feroit-
« elle pas rapprocher les masses de cette
« même matière à distance? Je ne vois pas
« que le contact y fasse rien ». Il déduisoit cet argument en comparant une sphère, entière d'origine, à une autre composée de deux hémisphères appliqués, etc.

Son cousin lui répondit le 14 Mai suivant en ces termes : « Quant à la seconde ob-

---

(1) Ce système a été abondamment expliqué dans l'ouvrage intitulé *Deux Traités de physique mécanique, publiés par P. Prevost.*

« jection (1), elle me paroît, je l'avoue;
« pécher contre les règles de la logique.
« En effet, expliquer n'est pour nous que
« généraliser. Il faut partir d'un fait. Or,
« vous demandez la raison d'un fait, qui
« n'a point d'analogue, savoir l'existence
« d'un espace fini impénétrable. — Autre-
« ment. — Les parties desquelles vous de-
« mandez pourquoi elles adhèrent sont des
« parties mentalement conçues, mais qui,
« n'ayant jamais été séparées, ne sont point
« des parties réelles. La preuve de cette
« assertion est en ceci. C'est que si vous
» considérez l'étendue comme naturellement
« divisée en ses parties impénétrables, vous
« tombez inévitablement dans un jargon
« monadico - métaphysique, étranger et
« inaccessible à toute intelligence humaine;
« parce qu'une telle intelligence peut com-
« parer et abstraire, mais qu'elle n'a ici
« aucun terme de comparaison. Il n'en est
« pas de même des phénomènes de l'at-

---

(1) C'est celle que nous venons de transcrire.
La première étoit relative à la régularité des élémens. Il en est dit un mot dans les *Deux Traités*;
page 177.

« traction, soit au contact soit à distance,
« entre les atomes; puisque les atomes étant
« donnés, leur approche est très-compa-
« rable à celle des grands corps ».

Non-seulement cette réponse ne satisfit pas Bén. Prevost, mais elle lui donna de l'humeur; et il la laisse percer dans son journal d'*observations variées*, sous la date du 28 Mai suivant (article 4325), où, parlant seul et à lui-même, il s'adresse vivement à son ami absent, comme s'il l'avoit devant lui et qu'il pût s'en faire entendre. Sans le suivre dans la déduction de son argument, qu'il y reproduit sous plusieurs formes, nous citerons quelques phrases où il témoigne son mécontentement.

« Soient deux cylindres A et B, dont
« l'un, A, n'ait jamais été séparé en deux
« ou plusieurs parties, et dont l'autre, B,
« ait été séparé en deux parties; que d'ail-
« leurs ces deux corps soient en tout de
« même nature, parfaitement égaux et sem-
« blables.

« Vous croyez, m. c. c. (1), que les

---

(1) Ces initiales signifient sans doute : « mon cher cousin. »

« deux parties de B peuvent être séparées « de nouveau.

« Votre raison est qu'elles ont été sé-
« parées.

« Vous croyez que les parties mentales
« correspondantes de A ne peuvent pas être
« séparées; et votre raison est qu'elles ne
« l'ont jamais été.

« Voilà votre logique.

« La mienne ne me permet pas de re-
« garder comme suffisantes ces raisons-là...

« Je ne vois point la liaison de ces deux
« propositions: *Les parties ont été séparées.*
« Donc *elles le seront de nouveau (dans*
« *un temps indéterminé*). Car faites bien
« attention que c'est-là tout ce que nous
« voulons dire par les mots *peuvent être*
« *séparées*, etc. ».

Quelle que pût être son impatience, il ne répondit que le 8 Juin suivant à la lettre qui l'avoit provoquée, et le fit en se fondant sur le même argument, sans sortir des bornes de sa douceur ordinaire.

Nous ignorons l'impression que l'objection pourra faire sur les physiciens qui, dans la suite peut-être, s'occuperont d'un sujet dont en ce moment ils sont distraits par des recherches plus attrayantes. Mais nous n'avons pas cru devoir la supprimer. Elle n'est pas oubliée dans l'ouvrage cité ci-dessus. (*Deux Traités*, etc., p. 109); et il y est fait, par G. L. Le Sage, plusieurs réponses sommaires. Quant à nous, elle ne nous frappe pas plus qu'à l'époque où nous la discutions avec notre ami et parent, dans les lettres que je viens d'extraire. Peut-être n'avons-nous pas réussi à exposer assez clairement les raisons de cette disposition, dans laquelle nous croyons devoir persister.

Pourroit-on (en partant de l'opinion des physiciens, qui pensent que le contact absolu des élémens n'a jamais lieu dans la nature) dire que, par une loi générale et inexpliquée, le contact absolu produit la cohésion, c'est-à-dire, une adhérence qu'aucune cause seconde ne peut rompre; tandis que hors du contact absolu, il n'y a aucune attraction? — Dans une telle hypothèse, il n'y auroit pas lieu à quereller celui qui recherche, en chaque cas d'attraction apparente, la cause impulsive qui la produit.

Mais soit qu'une telle réponse, ou toute

autre, détruise directement l'objection mieux que nous n'avons pu faire dans notre discussion privée; nous croyons (sans réussir peut-être à dire assez clairement pourquoi) qu'une objection de cette nature n'empêchera point les physiciens, qui donneront quelque attention à la recherche du mécanisme explicatif de ce grand phénomène de l'attraction, de goûter celui qui n'offriroit à leurs yeux d'autre difficulté que celle de supposer des élémens primitifs, durs, incompressibles, impossibles à briser ; en un mot qui ne souffriroit d'autre objection solide, que celle de ne pas expliquer la cohésion des parties d'un élément primitif.

Un des derniers objets, relatifs à la science, qui occupent quelque place dans la correspondance de ces deux amis, fut un mémoire de Bén. Prevost, dans lequel il estimoit le poids, ou plutôt la masse de la lumière solaire en temps donné, selon le système de l'émission. Son cousin lui fit a ce sujet quelques observations. Nous ne savons pas si ce mémoire a été publié, ni s'il a été fait quelque emploi de ces observations.

Nous avons pû librement fouiller dans

notre propre correspondance pour donner quelques exemples des questions, relatives à la science, qui s'y trouvoient traitées. Les autres correspondances de Bén. Prevost en fourniroient peut-être de plus intéressans. Nous avons eu occasion de dire un mot de celle de Mr. le professeur Déveley. Nous pourrions puiser dans celles de MM. Senebier, Maunoir et autres ; mais une grande partie des faits, qui s'y trouvent mentionnés, ont été publiés ; et en citant les opinions d'autrui, rapidement énoncées, nous courrions plus aisément risque de commettre quelques méprises ; qu'en exposant celles dont nous nous sommes occupés nous-mêmes en écrivant à un ami, ou dont il nous a lui-même occupés.

Note F, p. 36.

Sourd-muet.

L'histoire du sourd-muet, de neuf à onze ans, avec lequel Bén. Prevost se trouva inopinément associé dans la diligence de Lyon ; offre divers détails intéressans. Nous ne mentionnerons ici que ceux qui fournissent à l'auteur quelques conséquences applicables à l'objet du cours auquel cette note se rapporte.

Cet enfant, dont l'éducation avoit été absolument négligée, entra dans la **voiture** en poussant des hurlemens; ses parens **y** entrèrent avec lui pour quelques instans, et lorsqu'ils le quittèrent, leur départ ne parut faire sur l'enfant aucune impression. On eût dit qu'il étoit plus attaché aux lieux qu'aux personnes.

Il faisoit un grand usage de l'odorat; il flairoit, avant de le manger, tout ce qu'on lui présentoit, excepté des granits et autres pierres, qu'il portoit directement à sa bouche, peut-être parce qu'elles avoient l'apparence de quelque mêts de son goût. Il aimoit aussi beaucoup à sentir les fleurs, et même le melon, dont il ne mangeoit pas.

« J'eus bientôt occasion de remarquer, » dit notre voyageur philosophe, « qu'il ne
« regardoit personne, et qu'il falloit lui
« présenter quelque joujou ou quelque
« friandise pour attirer son attention; en-
« core ne se portoit-elle que sur l'objet
« même, qu'il saisissoit, comme s'il l'eût
« trouvé à terre, ou comme le fruit que l'on

« cueille et qui pend à la branche, mais
« avec une avidité, qui parfois avoit quelque
« chose de brutal. Dès qu'il étoit rassasié,
« ce qu'il mangeoit lui tomboit des mains,
« et il ne s'en embarrassoit plus. Mais il ran-
« geoit les joujous, ou les rendoit, lorsqu'il
« ne se soucioit plus de s'en amuser.

« Je lui prêtai des lunettes vertes, qui
« l'amusèrent beaucoup, et qu'il tournoit
« et retournoit de toutes les façons, pour
« produire différens effets de chambre obs-
« cure.

« Depuis qu'il avoit vu sortir de nos sacs
« de nuit des joujous et des bonbons, il
« s'y intéressoit singulièrement. Il s'intéres-
« soit aussi beaucoup, et par la même raison,
« à nos poches ; et c'étoit un moyen nou-
« veau de le fixer, que nous avions ajouté
« au petit nombre d'autres que nous con-
« noissions..... Je tirai de ma poche un
« petit paquet enveloppé de papier. Il com-
« mença à trépigner, à rire, à se gratter et
« à ouvrir la bouche ; après quoi, voyant
« que je le dépliois, il demeura immobile.
« J'en tirai un petit étui de chagrin vert à
« clou d'argent. Il ne pouvoit déjà plus se

« contenir; il tendoit les mains et se mit
« à hurler de joie. Mais lorsque j'eus ouvert
« l'étui et que j'en eus tiré une petite loupe
« double; lorsque j'eus mis les deux verres
« à découvert et que je lui eus remis le
« bijou; pour lors il extravaga; il faisoit
« des grimaces horribles et ridicules ; . . . .
« il suoit à grosses gouttes et se démenoit
« comme un possédé. Il retournoit la loupe
« de toutes les manières; la rapprochoit,
« l'éloignoit de son œil ; ouvroit tantôt un
« verre et tantôt deux, et ne commença
« qu'après plusieurs heures à se lasser de ce
« jeu. Alors me prenant la main, il la porta
« sur mon sac, me fit signe de l'ouvrir,
« en tira les lunettes avec de nouveaux
« transports de joie, et combina avec elles
« toutes les phases qu'il faisoit successive-
« ment prendre aux deux verres, en les
« plaçant tantôt devant , tantôt derrière.
« Pour égayer la scène et jouir de son em-
« barras, je lui donnai une autre paire de
« lunettes. Celles-ci étoient blanches ; il
« entreprit et exécuta toutes les combi-
« naisons que pouvoit occasionner cette
« nouvelle donnée, et toujours avec les

« mêmes transports ; afin de lui en faciliter
« une partie, je lui mis les deux lunettes
« sur le nez ; ce qui lui donnoit un air
« fort comique. Cependant, quoique nos
« éclats de rire eussent attiré à la portière
« le voiturier, qui les partageoit de bon
« cœur ; il ne nous voyoit pas plus qu'il
« ne nous entendoit ; et s'occupoit de ses
« verres avec un sérieux et un air affairé,
« qui ne contribuoit pas peu à entretenir
« notre gaieté.... Si je feignois, en avan-
« çant brusquement mon doigt contre son
« œil, de vouloir l'éborgner, ce mouve-
« ment ne le faisoit pas même clignoter.

« On ne peut disconvenir qu'il ne donnât
« des preuves d'une intelligence, sinon ac-
« tuelle, au moins virtuelle, et à laquelle
« il ne manquoit que de se diriger vers
« autrui et de sortir, pour ainsi dire, du
« *moi* où elle étoit concentrée........

« On peut donc dire de cet enfant, qu'il
« a un esprit inventif..... Mais pourquoi
« cette faculté créatrice ne le mène-t-elle
« pas plus loin ? C'est que l'extrême atten-
« tion dont il est susceptible, et qu'il donne
« toute entière à ce qui l'intéresse directe-

« ment, à ce qui se passe en lui-même,
« l'empêche de tourner ses regards sur les
« autres. »

L'auteur le voit quitter son dîner pour palper des figures de tapisserie, probablement pour s'assurer de la réalité du relief apparent. Il conçoit à cette occasion le grand intérêt que les objets de la vue doivent lui inspirer; et en méditant sur ce sujet, il lui vient dans la pensée quelques recherches à tenter sur l'emploi que l'on peut faire d'un sens, ou même d'un organe, pour suppléer à un autre dont on est privé.

Cette relation est, dans les *Observations variées*, sous divers numéro, dont le premier est le 1321me, et date du 3 octobre 1799.

Note G, p. 41.

Brulure non sentie pendant la veille.

Cette analyse du *Cours de philosophie rationnelle* de Bén. Prevost ayant été lue à la Société Helvétique des sciences naturelles, à Genève le 25 juillet 1820, donna lieu à un respectable ecclésiastique de communiquer à l'auteur de cette notice une observation analogue, dans un billet, en date de Montreux, le 14 Août 1820.

« Le 28 Juillet 1800, arriva l'incendie du château d'Oex-Grand-Bourg, bâti en bois, dans les Alpes de Gruyère. Le presbytère seul étoit en pierre, Mr. Ph. Bridel, pasteur de cette paroisse, monta sur le toît, qui commençoit à s'échauffer, pour y étendre des couvertures mouillées et posa sa main droite assez long-temps sur une garniture de la toiture en fer-blanc. Redescendu, demi heure après, il sentit une vive douleur au bout des doigts et vit qu'ils avoient été atteints par une brûlure au point de ne pouvoir s'en servir ; mais où et quand ? — Il ne put d'abord résoudre ce problême. Enfin, il se rappella le *fer-blanc*. Il paroît que l'intensité de son attention se portant sur le malheur dont il étoit témoin, la sensation de la brûlure fut nulle pour lui, jusqu'au moment où cette intensité se relâcha. Il croit qu'il y eut demi heure d'intervalle entre l'action du feu sur son corps et l'apperçu de la sensation. »

Je trouve un exemple, de même genre,

dans le curieux Recueil de SPENCE. Un homme d'un caractère ardent, envoyé sur le continent par Charles I, au commencement de la guerre civile, fut volé à Calais par son domestique, qui emporta de nuit son porte-manteau. Informé le matin de son évasion, il le poursuivit et l'atteignit entre la seconde et la troisième poste. Aussitôt il se plaignit d'une vive douleur et tomba sans connoissance. En tirant ses bottes, pour le mettre au lit, on en trouva une pleine de sang. Un clou, que le voleur y avoit enfoncé à dessein, avoit pénétré profondément dans le pied. La douleur s'étoit fait sentir au premier moment (sans empêcher le blessé de sauter à cheval) et avoit disparu dans l'ardeur de la poursuite. En peu de jours la blessure devint mortelle.

NOTE H, p. 42.

Cautérisation non sentie dans le sommeil.

Nous nous sommes adressés à un ami de Mr. N. pour avoir des détails exacts sur ce fait. Il s'est prêté à notre désir, et en nous envoyant la réponse qu'il a lui-même reçue,

il ajoute : « Vous pouvez compter sur tout
« ce que me dit mon ami, comme si tout
« ce qu'il raconte vous fut arrivé à vous-
« même. » Cette réponse, que nous allons
transcrire nous a engagés à supprimer quelques mots du texte auquel cette note se rapporte.

Lettre de Mr. N. à Mr. Delmas.

Le 17 Août 1820.

« Très-cher ami, je vais tâcher de vous
« donner l'explication que vous désirez sur
« l'accident de mes cors, leur guérison, et
« l'observation que cette circonstance me
« donna lieu de faire.

« Après une marche longue et forcée,
« pendant l'automne de 1798, la plante de
« mes pieds, et particulièrement du pied
« droit, se trouva couverte de cors, ou
« de calus fort épais, qui me gênoient ex-
« trêmement, me rendoient tout-à-fait
« boiteux, et me faisoient éprouver une
« vive douleur, même à cheval. Je trem-
« pai souvent mes pieds dans l'eau, sans
« aucun soulagement, et je gardai mon

« mal jusqu'à l'été suivant (1799). L'on me
« conseilla enfin de cautériser ces cors avec
« un charbon ardent ou un fer rouge, et je
« pris ce parti. Cette opération semble
« cruelle ; mais elle est réellement très-peu
« douloureuse, car dès qu'on sent la dou-
« leur un peu trop vive, on n'a qu'à reti-
« rer le fer, et elle disparoît complétement.
« Aussitôt que le cor ou calus est cautérisé,
« quoiqu'il ne soit pas détaché de la peau
« qui reste ainsi encore plus raboteuse, on
« marche avec la plus grande commodité,
« et la partie amortie tombe bientôt d'elle-
« même. J'avois une si grande quantité de ces
« cors, que je fis durer l'opération plusieurs
« jours. Il m'en restoit encore une grande
« plaque sous la partie antérieure de la plante
« du pied droit, lorsque me trouvant dans
« une auberge à Campo-Marone, à deux
« lieues de Gênes, j'entrepris de cautériser
« cette dernière partie. Je me procurai un
« réchaud, et je commençai l'opération.
« J'étois à moitié couché sur mon lit, il
« faisoit très-chaud, et je m'endormis avant
« de l'avoir terminée. Pendant mon som-
« meil, trois ou quatre de mes amis, qui

« m'avoient vu souvent occupé a brûler
« mes cors, entrèrent dans ma chambre, et
« voyant cet appareil, l'un d'eux trouva
« plaisant de continuer lui-même l'opération.
« Avec une lame de couteau et une clé
« rougies, il pratiqua une incision carrée
« d'un pouce de côté, et enfonça le bout
« de la clé à une ligne au moins de pro-
« fondeur dans le centre du calus. Cette
« opération dura long-temps, parce qu'il
« fut obligé, pour ne pas m'éveiller, d'y
« revenir à une foule de reprises. Car dès
« que la chaleur pénétroit jusqu'au vif,
« mon pied se retiroit de lui-même, et
« communiquoit à tous mes membres des
« mouvemens convulsifs, dont la singularité
« amusoit beaucoup l'opérateur et ses aco-
« lytes. Ils en rioient à gorge déployée et
« si haut qu'enfin ils m'éveillèrent, et je
« n'eus rien de mieux à faire que de rire
« avec eux. Après avoir examiné la pro-
« fondeur de l'incision du trou, je fus ex-
« trêmement surpris de n'avoir éprouvé,
« non-seulement aucun sentiment de dou-
« leur, mais d'avoir eu pendant tout ce
« temps mon âme livrée aux illusions d'un rêve

« tranquille, suivi, et extrêmement agréable.
« Je n'y attachai pas, pour le moment, une
« grande importance, et j'en conclus va-
« guement qu'on ne sauroit mesurer l'inten-
« sité de la douleur, éprouvée par un homme
« en délire ou un malade sans connoissance,
« d'après les contorsions ou les mouve-
« mens pénibles de leurs muscles. Mais
« quelques années après, ayant eu occasion
« d'en parler avec Mr. BÉN. PREVOST, je
« remarquai qu'il en étoit frappé, et j'eus
« le regret de ne pouvoir le satisfaire plei-
« nement sur une question qu'il me fit. Il
« vouloit connoître avec précision en quoi
« consistoient les sensations agréables que
« j'avois éprouvées dans mon rêve. J'aurois
« désiré lui en conter tous les détails, mais
« ils étoient effacés de ma mémoire, et je
« me bornai à lui répondre que je croyois
« être sûr (et c'est ce qui m'avoit le plus
« frappé à mon réveil) que la douceur de
« mon rêve ne résultoit d'aucun sentiment
« de plaisir sensuel, soit actuel, soit de
« réminiscence, mais d'une combinaison
« d'idées agréables qui flattoient moralement
« mon esprit. J'y ai souvent réfléchi depuis,

« et je n'ai cessé de penser, d'après l'im-
« pression qui m'en est toujours restée, que
« mon rêve étoit de nature intellectuelle,
« et n'avoit point été produit par l'effet mé-
« canique de sensations éveillées par l'opéra-
« tion. D'où je suis disposé à conclure que
« l'âme, dans certains cas, au moins pen-
« dant le sommeil, peut être dans un tel
« état d'abstraction, qu'elle reste absolu-
« ment étrangère aux sensations éprouvées
« en apparence par le corps, et que ces
« sensations purement machinales n'appar-
« tiennent alors, à proprement parler, ni
« au plaisir, ni à la douleur. »

« Je vous salue de tout mon cœur.

P. S. « A propos de cors, la cautérisation
« ne réussit que sur les cors ou calus qui ne
« sont pas très-anciens. J'ai voulu, sans
« succès, en guérir d'invétérés. Dans ce cas,
« il y auroit trop de chairs à brûler, l'opé-
« ration seroit trop douloureuse, et ne se-
« roit pas sans danger. »

Note I, p. 49.

Carie des blés.

Nous croyons devoir transcrire ici une note, insérée dans le *Journal du Tarn et Garonne* du 21 Juillet 1819, relative au Mémoire sur la carie des blés, dans laquelle règne le ton de la plus parfaite candeur et de la plus touchante sensibilité.

« De tous les fléaux qui détruisent l'espé-
« rance de l'agriculteur, l'un des plus
« funestes est sans doute la carie ou charbon
« des blés. Elle attaque l'intérieur des grains,
« en détruit le germe, et la substance fa-
« rineuse se trouve remplacée par une pous-
« sière presque noire et d'une odeur fétide.

« Les chaulages et autres préservatifs em-
« ployés contre cette maladie du froment,
« étant souvent inutiles, ou du moins tou-
« jours insuffisans, la Société des sciences,
« agriculture et belles-lettres de Montauban,
« après avoir entendu, en 1797, un mé-
« moire lu par Mr. Robert-Fonfrède sur
« cet objet, invita ses membres à la re-
« cherche d'un préservatif plus certain.

« Mr. Bénédict Prevost, l'un des fon-
« dateurs de cette Société, se disposa dès
« lors à répondre à cette invitation. Il fit,
« tous les ans, des expériences dans le do-
« maine de Mr. Delmas, aux environs de
« Montauban, et reconnut en 1804 la cause
« immédiate de cette altération du grain.
« Jusqu'alors on avoit généralement cru
« qu'elle étoit l'effet de la dégénérescence
« du gluten de la farine, ou un virus qui en
« corrompoit la substance. Mr. Bénédict
« Prevost présuma que la carie étoit plutôt
« le produit d'une plante parasite intesti-
« nale, et l'expérience ne tarda pas à justi-
« fier ses conjectures. Il eut la satisfaction
« de voir germer et végéter les globules de
« cette poussière, qui sont les semences
« de la carie, et il en suivit le développe-
« ment autant qu'il peut s'étendre avant qu'ils
« s'insinuent dans le corps de la plante, à
« l'aide et aux dépens de laquelle ils doi-
« vent achever leur végétation. Certain dé-
« sormais de la nature de l'ennemi qu'il
« avoit à combattre, il ne lui resta qu'à
« chercher une substance qui détruisît
« dans cette semence la faculté de germer,

« sans l'altérer dans celle du blé ; et il dé-
« couvrit bientôt que le sulfate de cuivre
« (vitriol bleu ou de Chypre) avoit à un
« degré éminent cette propriété. Avant de
« publier sa découverte, il voulut s'assurer,
« pendant trois ans consécutifs, de son effi-
« cacité. Un plein succès ayant couronné
« ses expériences, il lut, en 1807, dans
« une des séances de la Société de Mon-
« tauban, un mémoire extrêmement curieux,
« où il rend compte de la marche qu'il a
« suivie dans sa découverte, et des expé-
« riences qui la confirment. La Société en
« ordonna l'impression, et il fut envoyé à
« l'Institut, qui nomma une Commission
« pour l'examiner et en faire son rapport.
« M. Tessier, Rapporteur de cette Commis-
« sion, parla avec éloge du zèle, de la
« sagacité, du talent même, de Mr. Bénédict
« Prevost dans les observations microsco-
« piques, mais il ne vit point les pas du
« génie tracés dans une carrière où des
« hommes du plus grand mérite n'avoient
« encore marché qu'en tâtonnant. Cette
« froide indifférence, éprouvée dans le
« sein d'un corps si éclairé et si justement

« célèbre, auroit profondément affligé un
« homme moins modeste que Mr. Bénédict
« Prevost; mais, loin de réclamer contre
« ce déni de justice, il se fit une loi du
« silence, et l'imposa même, jusqu'à ses
« derniers momens, à ses nombreux amis.
« La mort, qui vient d'enlever ce savant
« recommandable, pouvoit seule délier leurs
« langues, et il est permis, hélas ! trop tôt,
« à une voix inconnue de faire entendre ses
« foibles accens dans le désert.

« Au surplus, le préservatif indiqué par
« Mr. Prevost a constamment garanti les
« récoltes des propriétaires qui l'ont mis en
« usage avec soin. Son mémoire a pénétré
« dans la Belgique, en Angleterre, etc.
« et les étrangers s'enrichissent d'une dé-
« couverte faite en France, avant que les
« préjugés en faveur de la vieille méthode
« aient été détruits. C'est ainsi que l'ino-
« culation a trouvé des apologistes long-
« temps après la découverte de la vaccine.
« On voit encore dans des ouvrages récem-
« ment publiés sur l'agriculture, recomman-
« der exclusivement divers chaulages ; et si
« l'on a parlé du sulfate de cuivre, on lui

« a reproché le prétendu danger de mettre
« du poison entre les mains des paysans. Ce
« qu'il y a de certain, c'est qu'on peut, sans
« inconvénient, tremper les mains dans la
« dissolution où le blé doit être plongé
« (ce qui au surplus n'est pas nécessaire,
« puisqu'on peut se servir d'une écumoire
« pour enlever les grains légers ou cariés
« qui surnagent); c'est que la volaille mange
« impunément et avec avidité les grains qui
« y ont trempé, et que le blé, dès qu'il
« est assez sec pour être ensemencé, ne
« produit aucune poussière ni émanation
« sensible, tandis que le chaulage, surtout
« mêlé de crottin de pigeon ou de volaille,
« produit toujours une poussière incommode
« et sûrement dangereuse pour le semeur. »

On trouvera un extrait très-bien fait de ce mémoire de Bén. Prevost dans le Recueil agronomique de la Société des sciences de Tarn et Garonne, Septembre, 1820.

Note K, p. 51.

Rosée.

Le Dr. Th. Young donna très-succinctement cette explication dans son grand ouvrage, intitulé : *Course of Lectures on na-*

tural philosophy and mechanical arts, London 1807, T. I, p. 709.

La même explication, fort détaillée, fut donnée, d'une manière indépendante, dans le traité *du calorique rayonnant de* PIERRE PREVOST, 1809.

Il est donc certain que la publication de la phrase explicative du savant physicien anglais a précédé de deux ans celle du professeur de Genève. Et il ne serviroit de rien d'alléguer des preuves d'un autre genre pour faire voir que ce dernier conçut l'explication qu'il a développée, presque aussitôt qu'il eut connoissance du phénomène par la communication que l'auteur lui fit de son mémoire en manuscrit. Mais peut-être trouvera-t-on en comparant les deux explications que l'une est plus complète que l'autre. Voici littéralement et en entier celle du *Course of Lectures*, etc.

« Il paroît que, par ses propriétés relatives à la chaleur rayonnante, la surface métallique produit ces effets, en prévenant la facile communication, soit de la chaleur, soit du froid au verre. » — Pour expliquer l'effet de l'armure sur le côté froid, c'est moins du rayonnement qu'il s'agit, que de la réflexion; en particulier, de celle qui s'opère dans l'intérieur du métal; et il ne semble pas que, dans la phrase que je viens de citer textuellement, il y ait aucune trace de cette explication. C'est l'effet de cette réflexion qui est exposé en détail aux §§. 198, 201, du traité *du calorique rayonnant.*

Du reste les belles recherches de BÉN. PREVOST sur la rosée sont tellement connues des physiciens, que nous jugeons inutile de les rappeler plus en détail. Mr. WELLS n'a pas négligé de les mentionner (1).

Note L, p. 51.

Pesanteur.

Ce mémoire a paru posthume. Il a été employé par le traducteur des *Conversations sur la philosophie naturelle* dans une note, que nous transcrirons ici à cause de sa brieveté.

« Mr. BÉNÉDICT PREVOST a indiqué
« une manière bien simple de montrer que
« la résistance de l'air est l'unique cause

---

(1) *On dew,* p. 108.

« du ralentissement de la chûte des corps
« légers dans ce fluide. C'est d'étendre sur
« le fond plat d'une boîte cylindrique peu
« profonde et massive un petit fragment
« de papier, en laissant tomber le tout de
« haut (de 2 ou 3 mètres, par exemple) sur
« un coussinet, de manière que la partie
« inférieure du fond aille la première et se
« meuve selon son axe; le papier ne sera
« pas ralenti, et il suivra toujours la boîte
« dans sa chûte. L'expérience se fait en-
« core plus simplement, mais aussi moins
« sûrement, en mettant le papier sur une
« pièce de monnoie. »

Note M, p. 59.

Diverses observations.

Indépendamment des mémoires et des observations suivies, qui existent en manuscrit ou qui ont été publiés, on comprend aisément qu'il doit se trouver çà et là, dans les journaux de ce philosophe attentif, des remarques occasionnelles et des aperçus ingénieux. En voici un exemple : Sous la date du 8 Décembre 1802; on voit que BÉN.

Prevost étoit disposé à envisager les bolides comme des corps qui tournent autour de la terre. Voici comme il s'exprime dans une note sténographique, à cette date, qu'on lit dans un cahier d'agenda, intitulé : *Souvenirs*. — « Observer les feux volans ou
« étoiles tombantes, pour savoir s'il n'y
« auroit pas, parmi eux, une espèce de
« période ; de sorte que ce ne seroit point
« des météores, mais des espèces de sa-
« tellites très-petits, etc. »

Postérieurement à la vérité, il parut pencher vers l'opinion de Mr. Ysarn, qui les croit formés dans l'atmosphère, par la réunion d'élémens qui y sont tenus en état de suspension.

21 *Novembre* 1801. A la suite de ses nombreuses observations sur l'influence délétère que l'argent a sur les chirocéphales, il arrive à cette conclusion, que c'est un effet galvanique ; une oxidation de l'argent par la décomposition de l'eau, qu'occasionne l'arrivée du fluide électrique sur l'argent et sa sortie de ce métal. « S'il en est ainsi, » dit-il, « l'effet doit avoir lieu beaucoup
« plus tôt sur la pile galvanique. — C'est

« ce que je pourrai vérifier. — Ainsi, s'il
« étoit vrai, cela confirmeroit assez bien le
« principe que j'ai avancé, que la commo-
« tion est un effet de la décomposition d'une
« partie de l'eau des humeurs du corps ou
« du membre qui la reçoit. » Si nos lecteurs se rappellent la théorie de la sensation
visuelle que Bén. Prevost avoit adoptée et
qu'il étoit disposé à généraliser ; ils recon-
noîtront que sa conjecture sur la commo-
tion n'y est pas tout-à-fait étrangère.

Je joindrai ici quelques petits faits extraits
du même manuscrit.

10 *Février* 1799. « B**. s'étonnoit de ce
« qu'au moyen de l'éther, il ne pouvoit en
« Afrique (au Sénégal ou à la Gorée) faire
« descendre le thermomètre que de 10 ou
« 11 degrés. Mais il ne faisoit pas atten-
« tion, ce me semble, que l'air y étoit si
« chaud, que l'éther se vaporisoit trop fa-
« cilement au moyen du calorique qui y
« étoit contenu dans un état libre, sans
« être obligé d'enlever celui du thermo-
« momètre. Peut-être avec de l'eau auroit-
« il fait descendre le mercure plus bas ».

3 *Janvier* 1800. « J'ai remarqué qu'il

« en est des pommes, comme des raisins et
« des betteraves; la partie la plus sucrée
« est celle qui est proche de la peau ».

Juillet 1802. L'article 4219, sous cette date, est un exemple de l'empressement avec lequel BÉN. PREVOST recueilloit de simples récits de conversation.

« 4219. Dans le département des Hautes-
« Alpes, du côté de Briançon, à Lescharp,
« arrondissement de Sisteron, sur la Du-
» rance, les habitans passent cinq mois
« d'hiver sous la neige sans autres commu-
« nications avec l'air extérieur que leurs che-
« minées; (on ne dit pas s'ils en font usage,
« dans ce pays, pour sortir et aller dans
« d'autres cantons; je crois qu'ils s'en ser-
« vent pour cela). Ils ont des provisions
» pour tout ce temps, et même du pain
« tout fait (une espèce de biscuit). L'ha-
« bitant, dont on tient ces renseignemens,
« prétend que là-dessous on n'est jamais
« malade; qu'il n'y fait pas du tout froid;
« mais qu'au dégel, lors de la communica-
« tion avec l'air extérieur, il y a beaucoup
« de mauvais rhumes, catarres, etc. Ils
« communiquent entr'eux par une espèce de

« hangar. Il paroît qu'ils ne s'y ennuient
« pas. — Je tiens ces détails de D. de B. —
« Je ne sais qui les lui a donnés ».

Et à la date du 20 Septembre de la même année 1802, est cet autre article sténographié : « Mr. B.** de m'a dit que les para-
« chutes etoient en usage à Venise long-
« temps avant leur invention en France ; et
« que très-long-temps avant, certaines per-
« sonnes se laissoient tomber du haut du
« pont de Rialto en bas, à la faveur d'un
« parachute ou d'une espèce de parasol ».

Je me fais un devoir de rapporter encore deux articles du même journal d'*Observations variées*, où il est question de la pression de l'œil ; car comme les expériences de ce genre peuvent aisément devenir nuisibles à celui qui les fait, il n'est pas à désirer qu'elles soient trop souvent répétées ; et il ne faut pas laisser périr le compte rendu de celles qu'on a tentées. Ces deux articles (2221 et 2247) sont de l'été de 1800.

« 2221. Je viens de faire (neuf heures
« du soir), dans l'obscurité, des expé-
« riences sur la lumière accidentelle pro-

« duite par le frottement des yeux. Il en
« résulte que, quelque part que l'on presse
« l'œil par-dessus la paupière, on voit du
« feu dans la partie diamétralement opposée;
« si ce n'est lorsqu'on presse dans le bas au
« milieu ; alors il ne se produit point de feu.
« L'on voit en général un anneau un peu
« ovale et un peu moins lumineux d'un
« côté que de l'autre, avec une foible lu-
« mière dans le milien de l'anneau ; excepté
« lorsque l'on presse au-dessus, un peu du
« côté du dehors, pas tout-à-fait au milieu.
« Alors on rapporte la lumière vers le nez,
« et cela paroît plutôt une étoile confuse
« qu'un anneau.

« De jour, au lieu d'un anneau lumineux,
« on en voit un blanc jaunâtre, rempli par
« une couleur d'un bleu ou violet très-
« foncé, quelquefois noir.

« En pressant l'œil gauche au-dessus et
« du côté du dehors, il m'a paru que la
« tache et l'anneau se formoient au haut
« du nez et du côté de l'autre œil.

« Plus la pression est vive, forte et brus-
« que, plus la lumière ou les couleurs sont
« vives ».

« 2247. J'ai dit (2221), qu'en pressant
« le globe de l'œil dans l'obscurité, on
« voyoit le cercle lumineux du côté du
« globe, ou sur le point du globe dia-
« métralement opposé, et j'ai indiqué les
» exceptions ; mais j'ai encore remarqué
« l'autre jour que, lorsqu'on pressoit vers
« le coin extérieur, on rapportoit l'anneau
« dans une ligne qui passe effectivement par
« le centre du globe de cet œil, mais
« dans un point pris sur l'autre œil ; et que
« de plus, il y avoit quelquefois une foible
« lumière dans l'endroit où l'on pressoit. »

Note N, p. 65.

Ardeur studieuse.

Cette ardeur brille d'une manière remarquable dans ses recherches sur la rosée. Je
ne peux me refuser à transcrire la fin d'un
article, où il consigne le résultat de ses
expériences commençantes sur la rosée ar-
tificielle, et où il entrevoit un moyen de
donner à ses travaux une nouvelle étendue.

« Un vaste champ d'expériences s'ouvre
« maintenant devant moi. Je répéterai d'a-

« bord de cette manière toutes les expérien-
« ces que j'ai déjà faites, et même toutes les
« expériences analogues, que j'ai imaginées
« sans les avoir mises à exécution. Je substi-
« tuerai ensuite à l'eau, tous les liquides éva-
« porables, que je pourrai me procurer en
« assez grande abondance. J'irai même jus-
« qu'aux crystallisations, aux sublimations,
« etc., etc., etc. ».

(*Observations*, article 2191, du
22 *Juillet* 1800).

FIN.

ERRATUM.

P. 52, *note* (1). un coulée, *lisez* une coulée.